# 机关工作要务9讲

王德 著

人民日报出版社
北京

图书在版编目（CIP）数据

机关工作要务9讲 / 王德著. — 北京：人民日报出版社，2022.10
ISBN 978-7-5115-7425-1

Ⅰ.①机⋯　Ⅱ.①王⋯　Ⅲ.①国家行政机关－工作－中国　Ⅳ.①D630.1

中国版本图书馆CIP数据核字（2022）第137802号

| | |
|---|---|
| 书　　　名： | 机关工作要务9讲<br>JIGUAN GONGZUO YAOWU 9 JIANG |
| 作　　　者： | 王　德 |
| 出 版 人： | 刘华新 |
| 责任编辑： | 葛　倩 |
| 版式设计： | 九章文化 |
| 出版发行： | 人民日报出版社 |
| 社　　　址： | 北京金台西路2号 |
| 邮政编码： | 100733 |
| 发行热线： | （010）65369527　65369512　65369509 |
| 邮购热线： | （010）65369530　65363527 |
| 编辑热线： | （010）65363486 |
| 网　　　址： | www.peopledailypress.com |
| 经　　　销： | 新华书店 |
| 印　　　刷： | 大厂回族自治县彩虹印刷有限公司 |
| 法律顾问： | 北京科宇律师事务所　010-83622312 |
| 开　　　本： | 710mm×1000mm　1/16 |
| 字　　　数： | 200千字 |
| 印　　　张： | 18.75 |
| 版次印次： | 2022年11月第1版　2022年11月第1次印刷 |
| 书　　　号： | ISBN 978-7-5115-7425-1 |
| 定　　　价： | 58.00元 |

# 导　言

习近平总书记在2022年春季学期中央党校（国家行政学院）中青年干部培训班开班式上强调，年轻干部是党和国家事业发展的希望，必须筑牢理想信念根基，守住拒腐防变防线，树立和践行正确政绩观，练就过硬本领，发扬担当和斗争精神，贯彻党的群众路线，锤炼对党忠诚的政治品格，树立不负人民的家国情怀，追求高尚纯粹的思想境界，为党和人民事业拼搏奉献，在新时代新征程上留下无悔的奋斗足迹。

习近平总书记指出，理想信念是立党兴党之基，也是党员干部安身立命之本。年轻干部接好班，坚定理想信念，必先知之而后信之，信之而后行之；牢记清廉是福、贪欲是祸的道理，看清一些事情该不该做、能不能干，守住政治关、权力关、交往关、生活关、亲情关，时刻自重自省，守住内心，从小事小节上守起，正心明道、怀德自重，勤掸"思想尘"、多思"贪欲害"、常破"心中贼"，以内无妄思保证外无妄动。年轻干部要胜任领导工作，需要掌握的本领是很多的。最根本的本领是理论素养。党员干部一定要加强理论学习、厚实理论功底，自觉用新时代党的创新理论观察新形势、研究新情况、解决新问题,使各项工作朝着正确的方向发展,按照客观规律推进。要坚持理论和实践相结合,注重在实践中学真知、悟真谛,加强磨炼、增长本领。关键是要虚心用心,甘当"小学生",不懂就问、不耻下问,切忌主观臆断、不懂装懂。

习近平总书记强调,只有全党继续发扬担当和斗争精神,才能实现中华民族伟大复兴的宏伟目标。担当和斗争是一种格局,坚持局部服从全局、自觉为大局担当更为可贵。要心怀"国之大者",站在全局和战略的高度想问题、办事情,一切工作都要以贯彻落实党中央决策部署为前提,不能为了局部利益损害全局利益、为了暂时利益损害根本利益和长远利益。习近平总书记指出,这些年,我们强调必须准备进行具有许多新的历史特点的伟大斗争,正是有了这样的思想准备,我们才能从容应对一系列风险考验。无数事实告诉我们,唯有以狭路相逢勇者胜的气概,敢于斗争、善于斗争,我们才能赢得尊严、赢得主动,切实维护国家主权、安全、发展利益。年轻干部一定要挺起脊梁、冲锋在前,在斗争中经风雨、见世面。

汉王充《论衡·儒增》中说:"夫刻木为鸢以象鸢形,安能飞而不集乎?既能飞翔,安能至于三日?如审有机关,一飞遂翔,不可复下,则当言遂飞,不当言三日。"机关是从工程学借用来的概念,原意是指机械设备中承担启动和制动功能的关键性组件,对机械设备起着整体控制的作用。这一概念运用到行政管理学中,泛指所有行政组织为实现其职能而建立的固定机构,又指工作中存在的各类显性和隐性的规则、规律和机理。机关既是行政人员处理日常工作的活动场所，又是行政机关及其工作人员与外界人士或其他机关接洽公务的地方，并为该机构收发、汇集和典藏文书资料的所在，它在任何一个行政组织中都起着核心与枢纽的作用。机关一般分为权力机关、党群机关、行政机关、司法机关和企事业单位机关等。

机关工作是复杂的系统，涉及方方面面，从现代管理学角度看，无论是行政单位机关、企事业单位机关，无论机关规模大小、级别高低、事权多少，作为一级社会组织机构，机关工作一般涉及文电收发运转、文书处理归案、人事工资管理、信访接待调研、材料综合起草、会议安排记录、打字复印传真、公章印鉴保管以及后勤服务接待、具体事务承办等职责。机关是完成工作任务的基本单元，是沟通上下、联络左右、协调各方，保证工作正常有序运转的枢纽。

机关干部要努力成为可堪大用、能担重任的栋梁之材，从指导思想上讲，要深入践行习近平总书记在历次中央党校（国家行政学院）中青年干部培训班的重要讲话精神，特别是2022年春季讲话要求，自觉做到信念坚定、对党忠诚，注重实际、实事求是，勇于担当、善于作为，坚持原则、敢于斗争，严守规矩、不逾底线，勤学苦练、增强本领；从工作实践上看，必须有勇于斗争的胆识、敢于斗争的精神、善于斗争的方法，掌握机关的"机关"，掌握机关的窍门，找出机关显性和隐性的规律和规则，应对机关工作挑战，进而把握工作定位，明确角色要求，厘清工作职责，吃透上情、掌握下情，摸清情况、解决问题，才能协调好上下左右关系，出色完成工作任务，更好地为党和国家中心工作服务、为本机关服务、为广大人民群众服务。

# 目 录
CONTENTS

## 第一讲：如何转换角色，合理定位

人在职场，必然要经历很多事情；人在机关，必然会遇到各种挑战。职场发展是否顺利，机关工作是否通达，如何转换角色，合理定位，就是我们不得不面临的第一个挑战。

合理定位，认识你自己 / 003
多角度认识你的同事 / 010
理性正确看待机关干部的职业 / 015
客观全面看待单位规格和地位 / 025

## 第二讲：如何立足长远，把握大势

所谓立足长远，就是要在日常工作中看到今后可能承担的重任，在平凡的事务中看到今后不平凡的前景，在眼前的挫折中看到未来的发展希望。而所谓把握大势，就是要在细微的具体工作中找到基本的程序与方法，在复杂多变的局面中找到大致的原则与规律，在看似平淡无奇的点滴变化中看到历史的脉动和未来的趋向。

　　于无声处见机关大势 / 033
　　准确站位，合理预期 / 038
　　急于求成什么都不成 / 045

## 第三讲：如何进入情况，谙熟规则

　　进入情况，就是要在很短的时间内掌握本机关、本部门的基本情况，学会和掌握在本机关、本部门工作的基本要求、内在特点和基本规律。谙熟规则，就是要熟悉和掌握本机关、本部门工作运转的内在机理和程序，懂得运用这些机理和程序，顺利完成各级领导交办的工作。在一定意义上，谁进入情况早，谁就争取了工作主动权；谁谙熟规则快，谁就掌握了事业成功的砝码。

　　进入情况越早，越主动 / 057
　　按规定程序办事 / 063
　　授权有限，责任重大 / 071
　　既要诚心，又要正意 / 077

## 第四讲：如何全面投入，用心工作

　　如果说转换角色、准确站位是为了尽快适应机关工作，那么合理预期、谙熟规则则是适应机关工作的必修课。及时转变了角色，有了准确的站位，找到合理的预期，熟悉了机关情况，那么接下来的问题就是如何全身心地投入到工作中，为自己在机关的工作开好局、起好步。

凡事先想后做 / 083
行动决定未来 / 086
练就机关三板斧 / 088

## 第五讲：如何寻求蹊径，掌握方法

转换角色、合理定位，立足长远、把握大势，进入情况、谙熟规则，全面投入、用心工作等机关挑战，是在通用意义上探讨机关工作的方法，本讲则主要从技术和操作层面阐述解决问题的技巧。

通往成功的办法就是找方法 / 099
熟练运用十种普适性工作方法 / 106
积极探索八类专业性工作方法 / 143
才干常在，机遇不常有 / 178

## 第六讲：如何创造环境，协调关系

机关活动的主体是人，一个和谐的机关首先要有一个和谐的工作环境和人际环境，这种环境表现在人与人之间相互尊重、相互理解、相互支持上，既有个人的自由发展空间，又有全员的相互配合和相互促进。

智商决定录用，情商决定提升 / 187
关键要处理五种关系 / 194
团队协调是机关生存的根本 / 211

## 第七讲：如何重视流程，把握细节

"过程"由阶段、环节和细节构成，表示时间上的连续性和空间上的耦合性。政府行政管理是连续的自然过程和社会过程。在国家机关工作，必须把握这些过程，做好各阶段、各环节的工作，这也是机关干部工作方法的基本要素。

过程源于态度，细节体现素质 / 217
想在领导前面，做在交代前头 / 223
把小事做细，把细事做透 / 231

## 第八讲：如何及时复命，提高绩效

复命的目的在于打造以结果为导向的执行模式。复命是一种积极主动的执行文化，是一种源自内心的价值理念，也是一个人的基本行事方式。复命是机关干部自我修炼、雷厉风行、对结果负责的开始，也是运用工作方法、提高工作绩效、使自己与机关和谐共存的行动指南。

随时请示汇报 / 239

执行高于一切 / 244

平凡中见卓越 / 251

## 第九讲：如何坚守初心，通达使命

机关干部在机关工作，面临林林总总的问题、挑战很多，不管我们面临的挑战有多少，还是要回到机关工作的原点问题上来，也就是如何坚守机关工作的初心，认真履职尽责，通达为人民服务的使命。

不忘初心，方得始终 / 269

初心不改，宗旨不变 / 274

通达使命，成就人生 / 279

# 第一讲：如何转换角色，合理定位

> 人在职场，必然要经历很多事情；人在机关，必然会遇到各种挑战。职场发展是否顺利，机关工作是否通达，如何转换角色，合理定位，就是我们不得不面临的第一个挑战。

合理定位，认识你自己

多角度认识你的同事

理性正确看待机关干部的职业

客观全面看待单位规格和地位

人在职场，必然要经历很多事情；人在机关，必然会遇到各种挑战。职场发展是否顺利，机关工作是否通达，如何转换角色，合理定位，就是我们不得不面临的第一个挑战。

## 合理定位，认识你自己

从时间发展的逻辑看，无论是初来机关工作还是进退留转到新的岗位，都有一个合理定位的问题，驾驭机关工作，首先要合理定位，认识你自己。

在社会心理学中，"角色"是一定社会关系所决定的个体的特定地位、社会对个体的期待以及个体所扮演的行为模式的综合表现。角色包含三方面的含义：第一，它取决于一定的社会关系；第二，它直接表述为一种地位或身份；第三，它意味着相应的权利和义务。明确机关干部的角色要求，是找准工作定位的关键，也是一个合格机关干部需要重点考虑的问题。机关干部转换角色要从以下三方面进行：一是认知自我，包括认识自己、设计自己、把握自己三个环节，对自身特点有客观判断，对自我发展有理性决断，对人生未来有恰当预期。二是认知他人，对同事、领导有恰当的分析和判断，能全面、理性、客观地认识和适应不同类型的同事和领导。三是认知环境，包括工作环境、生活环境、发展环境等，学会适应环境、把握环境，适时创造机会改变不合理的环境。对于新任机关干部而言，转换角色最根本的一点，就是尽快实现由大学生、事业单位干部和国企、民企以及外资企业职员向国家公职人员的转变，做好具体办事员、信息联络员、沟通协调员等工作，确保业务有序开展，机关正常运转。

"定位"是指根据周边环境、形势发展和工作要求，确定自己的角色目标、行为方式、工作规划和发展目标，从而更好地服务机关中心工作。具体地说，是指机关干部根据自身条件、工作职责、本部门和单位要求等因素，在认识清醒的前提下，明确角色、任务和领导要求，为确定的服务对象提供及时且高质量服务而进行的一系列思考和规划活动。合理定位有利于机关干部从全局高度，认识和把握机关建设、发展中的具体问题。把握定位，不仅要把握时代定位和职责定位，也要把握目标定位、关系定位、功能定位和行为定位，这是成为优秀机关干部的基础。

"认识你自己"，是铭刻在希腊北部的一个小镇德尔菲阿波罗神庙墙壁上的一句铭文。古希腊哲学家苏格拉底把它作为研究哲学的切入点，作为自己人生的信条。在苏格拉底看来，人最难做到的就是认识自己，如果一个人认识了自己，就认识了自己的心智和灵魂，就必然得出"自知自己无知"的最后结论。他认为，这样的人生才是真正实践荣誉、真理和正义的人生。

## 一、哲学探究的永恒主题

"认识你自己"反映了古希腊思想家对人自身的思考和关注，是哲学发展与进步的一个重要阶段。"认识你自己"实现了哲学主题由神到人的转变。在古希腊苏格拉底之前，关于人的自我认识主要通过神话来表现。从"斯芬克斯之谜"中，我们得知"人是什么"的问题最早是由神提出的。人如果自己无法认识和把握自己，则只有受神的摆布和奴役。当"认识你自己"被苏格拉底视为哲学基本原则时，便实现了人类认识自己的一次飞跃。黑格尔认为苏格拉底使"认识你自己"成为希腊人的格言，而他本人是提出原则来代替德尔菲神的英雄。"认识你自己"将人类提到历史的前台，从而使哲学能够正确地评估人类自己，并且培养起人类的"自我意识"。"认识你自己"使人类主体凸显于历史长河之中。既然"认识你自己"确立了人类的历史主体性意识和主体地位，那么人类作为一种自觉的"存在"，就不能依托于神，应该自己去追求美好生活，叩问生命的意义。

## 二、成功人生的重大课题

确立自己的人生目标和职场追求，在社会上立足和做人，首先要解决"认识你自己"的问题。作为社会存在,人既有其自然生命、精神生命,又有其价值生命和智慧生命。自然生命是人生命之根本,精神生命是人生命意义之升华,价值生命是对人生命的判断与取向,而智慧生命则是对人生命的创造与超越。认识了自己,就是体会到自己身体、心理、智慧、价值、道德的完整和统一。"认识你自己"的现实意义要求我们更加珍惜和关注生命,不断提升存在价值,彰显人生意义。如果没有良好的道德品质、乐于奉献的精神追求、和合向善的人生志趣,那么人类社会就无所谓文明。如果没有知识、道德、追求和理想,何谈人生价值?因此,机关干部对自己的认识不能仅仅停留在生命意义的初级阶段,而要向更高阶段迈进,思考生命的意义、人生的伟大追求和机关工作的价值。在机关和社会"做人",机关干部必须认识到:面对自身,要了解自我,做到人与自身的和谐统一;面对他人,要协调沟通,做到与他人的和谐共处;面对社会,要学会融入、适应,做到与社会的和谐共荣。通过这种途径,追求美好而有意义的人生。

### 三、机关工作的普遍难题

我国古代先贤老子说过,"知人者智,自知者明"。军事家孙子则有"知己知彼,百战不殆"的名言传世。常言道:人贵有自知之明。实践证明,不能正确认识自己的人就是一个没有自知之明的人。刚毕业的学生无论是博士、硕士,还是"海归""本土",或者从其他行业、其他领域录用的国家机关干部，都经历了激烈的竞争，不仅取得"国考"好成绩，也在各部门组织的无领导小组讨论、结构化面试等环节中，收获颇多，赢得用人单位的青睐。这些都说明我们的能力与水平是竞争者中的佼佼者，甚至综合素质是同事中的"望其项背"者。也因此，新到机关的干部多多少少带着自豪感、满足感和成就感，有时难免有"指点江山、激扬文字"的心态。不慎者，自负的感觉油然而生。这种现象和状态有的人长期持有，有的人在遭遇一次或者数次打击后幡然醒悟。因此，如何正确认识自己、如何看待过去的优秀就十分重要。

宋代理学家程颐说过："外事之不知，非患也，人患不能自见耳。"每一个机关干部，都有自己的长处和短处、优点和缺点。如果一个人只看到自己的长处，无视同事和领导，就无法客观认识自己，不能正确把握自己，最终是要犯错误的。这种错误，小则害人害己，大则贻误国家。

在机关工作中，摆正自己的心态：你就是一般中的"个别"，你就是人群中的"这个"，你摆脱不了"关系"的网络，你逃离不掉"环境"的制约。你只能干力所能及的事情，你只能在既定环境和条件下生活。凡是揪着头发要升天、长生不老要成仙、一文莫名要发财、一事不成要当官的想法和行为，都是妄想和徒劳的。

为了公众利益，为了公平正义，为了清清白白地做人，为了问心无愧的人生，不睁眼说假话，不昧良心搞交易，不弯脊梁趋奉人。但行春风，不求夏雨；但做好事，不问前程；无非分之念，有宁静之心；有助人为乐之德，无损人利己之想。行至何处，都安之若素；站到何位，都虚怀若谷。

### 年轻干部"八缺八不缺"①

观察一些年轻干部，大致有这么"八缺八不缺"，不妨对号入座，抓紧"拾遗补缺"：

一、不缺学历缺阅历。眼下的年轻干部学历早已经不是问题，学士、硕士、博士大有人在，高学历可谓普遍现象，从家门到校门再到机关门的"三门"干部不在少数，他们缺乏基层一线的摸爬滚打，缺乏急难险重事件的不断历练，阅历、经历的缺位，是"致命伤"，遇到一些重大的突发性事件往往容易心中无数、没招没谱，甚至惊慌失措、束手无策，有的甚至成了只会处理文件而不善处理事件的"稻草人"。

二、不缺思想缺感情。年轻干部思想活跃、思维敏捷、思路开阔，他们大多理论水平较高，有思想、有见地。有思想当然是好事，问题是，不少年轻干部长时间"宅"在高楼大厦，"躲"于深宅大院，"浮"于文山会海，与基层渐行渐远，感情越来越淡，与群众

---

① 徐文秀：《年轻干部"八缺八不缺"》，载《秘书工作》2013年第7期，有删节。

隔有一堵无形的"离心墙"。这种感情缺损会局限年轻干部说话办事的立场、方法和态度,造成"走近群众却走不进群众,面对面却很难心贴心"的窘境。

三、不缺干劲缺韧劲。年轻干部大都有激情、有干劲,但有些年轻干部激情来得快去得也快,一旦碰到困难、遭受挫折、受到委屈,就很容易自怨自艾,甚至自暴自弃。心理承受力和抗压力不足,缺乏一以贯之、一抓到底和一往无前的气魄。

四、不缺知识缺文化。年轻干部知识层次高、知识面广,有的说起新名词、新概念信手拈来,但因言惹祸、因行失范的也不在少数,原因就在于这些人身上虽不缺知识但缺文化。文化是修来的、悟来的,是"骨髓里的东西",它比知识更有一种无形的力量。有知识不等于有文化,仅有知识也是走不远、飞不高的。

五、不缺想法缺办法。有的年轻干部有想法,也有说法,讲思路一套又一套,但这些思路和想法如何既与中央精神对标,又与基层实际对接,更能解决问题、务实管用,则需要进一步的努力。人有两次素质上的飞跃,一次是把想法变成说法,另一次是把说法变成办法。不少年轻干部还是停留在第一次飞跃上,如何实现第二次飞跃,还需假以时日。

六、不缺能力缺魅力。经常可以看到一些年轻干部很能干,有魄力,多谋善断,才气高、本事大,但却让人很难亲近,缺乏凝聚力和感召力。究其原因是人格魅力不够,而人格魅力恰恰是一个人最好的本钱,是拥有底气的重要资本。

七、不缺活力缺定力。在干部队伍中年轻干部是最富有朝气、活力,最具创造性的一个群体,他们朝气蓬勃、奋勇争先、动力十足,然而他们又往往容易分心走神,内心不够笃定,易被干扰、受影响、遭裹挟,有的甚至挡不住诱惑、耐不住寂寞、守不住清贫,经受不住各种风险、危险的挑战与考验。在涉及个人名利问题上显得心浮气躁,在个人遭受委屈、不公时,吃不了亏、受不了气等。这都是内心定力不足的表现。

八、不缺情感缺情怀。情感更多是个人化的一种自发性心理情绪,情怀则是更高层面的一种自觉性追求。一些年轻干部个人情感丰富,因个人问题跳不出来走不出去,很重要的原因是少了一些"家国情怀",人生站位不高,思想立意不深。多一些情怀和情操,就会少一些个人的卑琐和私利,多一些高尚和大气。

以上这"八缺八不缺"既是横在一些年轻干部面前的一道道坎,又是竖在他们面前的一道道门,跨过去了就跃上了新的台阶,转过身了就进入了新的境界。

# 多角度认识你的同事

全面体认同事,是机关工作的必修课。及时、准确、完整、客观地体认同事,包括他们的性格特点、兴趣爱好、脾气秉性和心理特征,能帮助我们建立和谐的工作关系,避免在工作中走弯路和岔路。全面体认同事,关键要把握以下几个方面。

## 一、用良好的心态看同事

同事关系一经建立,就必然会发生工作和生活上的广泛联系。作为同事关系中的一方,不应奢望通过经营同事关系找到事业成功的快速通道;也不应当"各人自扫门前雪,不管他人瓦上霜",自我封闭,处处设防,害怕甚至拒绝与同事接触。为自己培育友好和睦的工作、生活环境,应把与同事交往的基点放在平等相处、共同受益的愿望上。这就需要机关干部在与同事交往前,排除杂念和成见,特别要防止自己的"先验图式",注意涵养和塑造自己的个性,用良好的心态看待同事。在具体工作中,主动地与同事交流思想,沟通了解同事所思所想,正确表达自己的愿望。特别注意人际交往中过于敏感的思想障碍,敞开胸怀增进感情,共同营造积极向上的人际氛围。

## 二、用全面的观点察同事

人总有优缺点。对人对事,因立场和观点不同,看法必然各异。因为初来乍到,大家都比较客气,容易产生每个同事都很好的"幻觉",这是新进机关干部对同事的看法的"进门期"。但"进门期"过后,双方都会自觉把对方作为利益攸关方来掂量,此时,对同事的看法也就因人而异。总体来说，除一般政治原则外，人对人的看法主要植根于思想感情中。通常情况下，人总是用自己的尺度去衡量和看待周围的人和事。而有趣的是，当发现某个人身上有某种缺陷时，自己往往也存在这种缺陷。所以，有"正人先正己"的古训。由于看问题的角度、思想方法、工作经验、知识阅历等方面的差异，同事之间有不同的意见十分正常。因此，作为机关干部，坚持用全面、动态、客观、理性的观点看同事，不仅是一种思想境界、一种品德要求，更是其政治品格的体现。

### 三、用谦虚的态度对同事

机关工作中一些人处理不好人际关系，一个重要原因是不谦虚。有的人因自己过往的一些成绩，心理上有"一览众山小"的优越感，行为上有"舍我其谁"的"英雄"气概。有些表现极端的则在领导和同事面前搞恶意中伤，贬低别人抬高自己，这种行为是机关大忌。事实证明：一个人在机关工作，不仅要有实力，更要有谦虚的态度和真诚的心，要善于中和与协调，善于在复杂的条件下创造宽松和谐的工作环境，以获得同事的欢迎和信赖。放低姿态，将以往成绩归零，重新学习前人的经验，才能更好地武装自己。古人说得好：美人溺于美，才好倒于才。"美人之美、美己之美、美美与共、天下大同"才是机关干部对待同事应有的态度。

### 年轻干部"九要九不要"[1]

年轻干部的成长、成熟和成才,有其内在的特点和规律。"九要九不要",和年轻干部探讨成长的路径。

一要立长志不要常立志。

二要昂扬不要张扬。昂扬向上、朝气蓬勃是年轻人的特质。

三要自信不要自负。

四要自我不要自私。

五要优秀不要优越。

六要能吃苦不要怕吃亏。

七要严谨不要拘谨。

八要"墩苗"不要去"拔苗"。

九要有书卷气不要有书生气。

## 四、用宽容的精神待同事

工作中,同事之间难免会产生矛盾。解决这些矛盾,涉及内部关系协调和全局事业发展。处理得法,不仅能化解矛盾,而且能增

---

[1] 徐文秀:《年轻干部"九要九不要"》,载《秘书工作》2017年第12期,有删节。

进友谊，促进团结；处理不当，则会激化矛盾，影响感情，妨碍工作，于己、于人、于团队都不利。同事之间的"矛盾"和"斗争"，本质上是非对抗性矛盾和在统一前提下的斗争。所以，机关工作人员，要有忍让精神，不斤斤计较，不以牙还牙，己所不欲，勿施于人。具体工作中，对冒犯自己的人，要大度宽让，多从自己身上找原因；对批评自己的人，要热情欢迎，不耿耿于怀，甚至打击报复；对帮助自己的人，要心存感恩，加倍偿还。总之，忍让精神，不是逶迤曲直，不是没有性格，而是一种登高望远的境界。

链接

### 做人做事做官"再十忌"[①]

做人难免有缺点，干事终归有缺憾，为官肯定有缺失。只有把这些缺点、缺憾和缺失一个个找出来，把一块块绊脚石踢开、搬掉，前行的路才会走得更顺畅、更通畅。

一、好强、逞强、示强是盛气凌人的"报警器"。

二、多心、疑心、分心是英雄气短的"导火索"。

三、失落、失望、失志是自暴自弃的"安魂曲"。

四、空话、空虚、空洞是空白人生的"万花筒"。

五、走神、走偏、走样是扭曲变形的"哈哈镜"。

---

① 徐文秀：《做人做事做官"再十忌"》，载《秘书工作》2016年第6期，有删节。

六、失言、失态、失信是前程夭折的"后悔药"。

七、轻浮、轻率、轻信是自欺欺人的"休止符"。

八、尖酸、尖刻、尖锐是咄咄逼人的"放大器"。

九、自贬、自损、自卑是自怨自艾的"软刀子"。

十、贪权、贪钱、贪色是身败名裂的"死胡同"。

# 理性正确看待机关干部的职业

国家公务员考试是我国最大型的公务员考试,全称是"中央机关及其直属机构考试录用公务员",俗称"国考"。近年来,"国考"热持续升温,成为广大民众街谈巷议的话题。根据国家公务员考试网提供的数据,2003—2021年19年间,报考与录取的比例持续拉低,2003年比例为16∶1,2021年则为81.3∶1,甚至在2019—2020年出现了历史上的新低95∶1,机关干部考试无疑成为我国竞争最激烈的考试之一。

**历年国家公务员考试考情分析[①]**

| 年份 | 招考职位数 | 招考人数 | 审核通过人数 | 参考人数 | 招录比例 |
| --- | --- | --- | --- | --- | --- |
| 2021 | 13849 | 24128万 | 125.1万 | 101.7万 | 81.3∶1 |
| 2020 | 13849 | 24128万 | 129.78万 | 96.5万 | 95∶1 |
| 2019 | 14537 | 1.45万 | 137.93万 | — | 95∶1 |

① https://gd.huatu.com/2021/0209/1986453.html.

续表

| 年份 | 招考职位数 | 招考人数 | 审核通过人数 | 参考人数 | 招录比例 |
|------|----------|---------|------------|---------|---------|
| 2018 | 16144 | 28533万 | 165.97万 | 98.4万 | — |
| 2017 | 15589 | 27061万 | 148.63万 | 98.4万 | 36:1 |
| 2016 | 15659 | 27817万 | 139.46万 | 93万 | 33:1 |
| 2015 | 13475 | 22249万 | 140.9万 | 105万 | 47:1 |
| 2014 | 11729 | 19538万 | 140.4万 | 111.95万 | 57:1 |
| 2013 | 12927 | 20879万 | 138.3万 | 111.7万 | 53:1 |
| 2012 | 10486 | 17941万 | 130万 | 96万 | 53.5:1 |
| 2011 | 9763 | 15290万 | 141.5万 | 90.2万 | 59:1 |
| 2010 | 9275 | 15526万 | 144.3万 | 92.7万 | 59:1 |
| 2009 | 7556 | 13566万 | 105.2万 | 77.5万 | 58:1 |
| 2008 | 6691 | 13787万 | 80万 | 64万 | 46:1 |
| 2007 | 6361 | 12724万 | 74万 | 53.5万 | 42:1 |
| 2006 | 6053 | 10282万 | 54万 | 50万 | 48.6:1 |
| 2005 | 5456 | 8271万 | 31万 | 29万 | 35:1 |
| 2004 | 4036 | 7572万 | 18.2万 | 12万 | 15:1 |
| 2003 | 5400 | 5475万 | 12.5万 | 87609 | 16:1 |

如何理性分析和看待机关干部职业，是新入职机关干部开好头、起好步的关键。

### 一、职业特征

《中华人民共和国公务员法》规定，公务员是指"依法履行公职、纳入国家编制、由国家财政负担工资福利的工作人员"。公务员是干部队伍的重要组成部分，是社会主义事业的中坚力量，是人民的公仆。

现代意义的机关干部职业，在西方国家形成于19世纪中叶的"文官制度"，我国机关干部职业的形成则以1993年颁布实施的《国家公务员暂行条例》为标志，其发展则以2006年《中华人民共和国公务员法》的颁布实施为发端。

机关干部具有以下职业特征：（1）行使公共权力，服务国家公共利益，职业具有公共性；（2）机关干部实行常任制，无重大过失，不得随意开除公职；（3）机关干部有国家公共财政做保障，职业风险比较小；（4）法律对机关干部的晋升有严格规定，一般情况下是逐级晋升，规范而讲秩序；（5）工作比较稳定，如果缺乏必要的激励机制，容易产生惰性，影响工作积极性。

机关干部职业是以公共力量为基础、以人民利益为根本目标的公共职业和权威系统，它要求从业人员在提供公共服务的过程中，必须恪尽职守、清正廉洁、公道正派，担当公共责任，忠于公共利益，维护社会公平正义。

## 二、职业地位

根据《2020中华英才网第十八届中国大学生最佳雇主调研综合报告》，大学生求职首选企业性质排序依次是国有企业、民营企业、政府机关/事业单位、三资企业（即中外合资经营企业、中外合作经营企业、外商独资经营企业），占比分别为41.68%、32.13%、14.10%和12.09%。同时，大学生求职首选行业排序依次是IT/互联网行业、教育/培训行业、金融行业，这也是IT/互联网行业连续三年位居大学生就业首选。BOSS直聘2021年3月调研数据亦显示，2020年、2021年应届毕业生中，仅有25.3%优先考虑到外企工作。外企不再热门的原因包括成长空间有限、招聘门槛高、有更高薪资的工作备选、不适应企业文化等。[1]根据对7所高校选取的电子技术学院、理学院、法学院、环境学院、文学院、教育学院等不同专业的1410名大学本科生抽样调查，大学生在择业时，依次主要考虑以下几个因素：工资福利（21.02%）、专业及个人兴趣（19.45%）、自我价值的实现（19.21%）、工作环境（14.63%）、背景变量（7.93%）、社会需要（7.20%）、工作稳定性（6.25%）、社会地位（4.31%）等。[2]通过这些数据，可见当前国民特别是青年人的择业倾向和职业价值观念，也可见机关干部职业目前所处的社会地位。

三、职业待遇

在现代社会，职级和薪酬的高低往往是判定一个人人生价值实

---

[1] 数据参见瞭望智库。
[2] https://m.anhuilife.com/xuexi-vnvmirwiniynmydnrdm.htm.

现程度的重要指标。机关干部在行政管理和提供公共服务的过程中，享有一定的社会保障，是确保机关干部队伍稳定和公共管理事业可持续发展的重要基础。

机关干部社会保障主要有三方面。一是工资制度。机关干部工资制度是关于机关干部的工资形式、工资标准、工资原则和有关各项规定或办法的总称。二是福利制度。是指在正常工资以外的补偿性制度。具体包括休假制度，比如法定休假、带薪休假、探亲假、婚丧假、年休假、产育假、事假等；工作性福利补贴制度，如书报费、洗理费、上下班交通费等；生活性经济福利补贴制度，如独生子女补贴、取暖费、降温费、副食品补贴、房租补贴等。三是保险制度。是指对机关干部及其家属在疾病、伤残、生育、失业、年老、死亡等暂时或永久丧失劳动能力时，防止其收入中断或丧失而给予的物质帮助制度。具体包括医疗保险、伤残保险、生育保险、失业保险、养老保险、死亡保险和供养直系亲属等保险。

## 四、职业发展

在现行机关干部管理制度框架内，机关干部职业发展主要表现为三种形式：一是职务晋升；二是级别晋升；三是机关干部交流。

职务晋升是机关干部管理的核心环节，是机关干部职业发展的主要通道。为了深化公务员分类改革，推行公务员职务与职级并行、职级与待遇挂钩制度，健全公务员激励保障机制，建设忠诚干净担当的高素质专业化公务员队伍，国家将公务员职位类别和职责设置公务员领导职务和职级两大序列。根据2019年中共中央办公厅印发的《公务员职务与职级并行规定》，领导职务层次分为：国家级正职、国家级副职，省部级正职、省部级副职，厅局级正职、厅局级副职，县处级正职、县处级副职，乡科级正职、乡科级副职。职级序列按照综合管理类、专业技术类、行政执法类等公务员职位类别分别设置。综合管理类公务员职级序列分为：一级巡视员、二级巡视员，一级调研员、二级调研员、三级调研员、四级调研员，一级主任科员、二级主任科员、三级主任科员、四级主任科员，一级科员、二级科员。综合管理类以外其他职位类别公务员职级序列另行规定。

级别晋升是机关干部职业发展的另一条渠道，也是确定机关干部薪酬的基本依据。机关干部级别的晋升有以下情形：在职务不变的情况下，机关干部级别的晋升，主要取决于年度考核情况和资历。晋升职级要求任职年限年度考核结果均为称职以上等次，其间每有1个年度考核结果为优秀等次的，任职年限缩短半年；每有1个年度考核结果为基本称职或者不定等次的，该年度不计入晋升职级任职年限。在这种情况下，级别晋升与职务晋升没有联系，级别晋升的依据是年资与考核结果。这种晋升只能逐级晋升，而不能越级，且只能在本职务对应的级别范围内晋升。职务发生变化时，级别将根据情况发生变化。晋升职务以后，其原级别未达到新任职务对应的最低级别时可升至其新任职务对应的最低级别。级别晋升后，级别工资相应调整。

交流是指国家行政机关根据工作需要或者照顾机关干部个人愿望，通过调任、转任和挂职锻炼等形式，将所属机关干部在行政机关内进行调动，或者将其调出行政机关任职，以及将其他机关和企业、事业单位的工作人员调入行政机关担任规定的行政职务，从而产生、变更和消灭机关干部职务关系或者工作关系的一种人事管理活动和过程。我国机关干部的交流包括调任、转任和挂职锻炼三种形式。

第一，调任，是指机关干部与机关干部系统之外的其他公职人员或企业人员的交流任职。调任适用于担任领导职务或者四级调研员以上的非领导职务以及其他相当职务层次的非领导职务，主要是指专业技术类和行政执法类机关干部。对于调任人选的条件，必须符合法律规定的拟任职务所要求的资格条件。程序上调任机关要按照规定的范围和条件，对调任人选进行严格考察，并按照管理权限进行审批，必要时还需对调任人选进行考试。

第二，转任，是指机关干部因工作需要或者其他正当理由，在国家行政机关系统内跨地区、跨部门的调动，或者在同一部门内的不同职位之间进行的转换任职。转任的范围是行政机关内的各个不同的职位，既包括跨地区、跨部门、跨单位的调动，也包括在同一部门和单位内的不同职位之间的转换。转任只是机关干部职务关系的变更，不改变转任者机关干部身份和职务级别。

第三，挂职锻炼，是指国家行政机关为让机关干部经受基层锻炼，丰富实践经验，有计划地选派部分在职机关干部到基层国家机关或者企事业单位及其他法定组织担任一段时间职务。挂职锻炼的对象主要是没有基层工作经历的机关干部，或者有培养前途的中、青年机关干部。

**五、职业规划**

机关干部职业规划是指，机关干部根据自身的主观条件和周边环境，确立自己的职业生涯发展目标，选择实现这一目标的路径，以及明确相应的工作、培训和教育计划，并按照一定的时间安排，采取必要的行动实施职业生涯目标的行为过程。从制定者角度划分，机关干部职业规划可以分为个人职业生涯规划和组织生涯规划。

做好个人职业生涯规划，是成为优秀机关干部的重要一环。做好个人职业生涯规划，重点要做好以下四方面的工作：一是转变思想观念。破除"大锅饭""铁饭碗"思想，树立终身学习理念，重视专业知识和技能的培养，善于根据国际和国内行政管理和政府公共服务的发展态势调整规划。二是做好自我评估。要认真审视自己，弄清楚自己想干什么、不想干什么、能干什么、不能干什么，根据评估结果及时调整规划。三是落实具体策略。为实现自己的职业生涯发展目标，机关干部尽可能地把自己的职业生涯管理与组织的人事管理活动及其中长期规划目标结合和匹配起来，争取职业发展目标的达成。四是及时反馈调整。机关工作千变万化，职业生涯规划制定得正确与否,要在实践中去检验,进而根据检验结果诊断生涯规划的问题,及时纠偏。

## 六、职场关系

职场关系是人际关系在职业生涯中的放大和延展。费孝通先生曾说,中国社会是熟人社会,中国人只有在熟人中才感到安全和有保障。而职场关系恰是构成中国熟人社会的重要方面。人在职场,必然要去处理这样或者那样的关系。关系处理得好坏,事关工作氛围,也影响行政效率和工作绩效。

### 在职场如何与各种人相处[①]

**无私好人型。**这类人容易被人忽视,其实他们才是可以真心相处的朋友。

**固执己见型。**对待这类人,不妨单刀直入,把他工作和生活中的错处列举出来,结合眼下要解决的问题提醒他将会产生什么严重后果。在他内心动摇时,趁机摆出自己的观点,他接受的可能性就

---

① 《在职场如何与各种人相处》,https://sucaiall.com/sxzj/qitashiyong/1402546.html,有删改。

大多了。

**傲慢无礼型**。和这类人打交道,不能低三下四,也不要以傲抗傲,只需长话短说,把需要交代的事情简明交代完就行。

**沉默寡言型**。和这类人共处,需要放慢谈话节奏,一旦谈到他擅长或感兴趣的事,他马上会"解冻"。

**自私自利型**。和这类人相处,必须从心灵上关注他,让他感受情感的温暖和可贵。

**生活散漫型**。和这类人相处,只有用激将法才能把他的斗志给挖掘出来。

**深藏不露型**。这类人自我防卫心理强,想了解他的为人和心理,多制造彼此了解的机会。

**行动迟缓型**。这类人不是理想搭档。

**草率决断型**。与这类人相处最好的办法就是经常给他泼泼冷水,让他保持清醒的头脑,切莫感情用事,草率决定。

**过分糊涂型**。这类人不是理想搭档,但很有人缘。

**过分琐碎型**。这类人比较有同情心,在关键时候不太会说你的坏话。

**搬弄是非型**。这类人并不可怕。所以,只要他们说的构不成诽谤,不必和他们计较。

**欺负新人型**。对待这类人,不妨抓好时机,奋起反击他们一两次,十有八九他们不敢再怎么样了。

**性格古怪型**。对待这类人,不要做过深交往,不对他们有过激的行为和言语。

**轻狂高傲型**。对待这类人，大可不必计较。

**阴毒恶人型**。这类人是最应该引起注意的，与他们办事时，多装糊涂，让他们觉得你没有什么威胁。必要时，可向领导反映他们的恶行，同时做好一旦不成，立即离开他们的准备。

# 客观全面看待单位规格和地位

到一个单位工作，单位的特点、风格、发展前景是什么？对员工有什么特别要求？在这单位工作有没有发展前途？……这一系列问题，是机关干部经常思考和质疑的问题，也是机关干部的必修课之一。

## 一、客观看待部门职责

合理看待单位的工作职责和行为边界，有几点需要把握：第一，根据分工不同，每个机关都有区别于其他机关的职能配置和基本责任。具体来说，主要是各部门、各单位的机构、编制和职责的"三定"方案。比如，发展改革、外交、公安、财政、农业、税收等不同部门和单位，有其固有的职责分工和管理责任。做到职责明确、分工合理、关系顺畅和制衡有力，是各级政府在确定各部门职责和相互关系中的一个基本原则。第二,这些不同的职能配置和工作责任,事权有所不同。这种不同,不仅体现在管理和服务对象的差别上,也体现在管理和服务的幅度和广度上。比如,公安部门和档案部门,一个管理社会、组织和公民的行为和活动,另一个管理组织和部门的历史资料和文献记录。一个管活动的主体,另一个管静止的文献。这种不同,也体现在手段和方式上。比如,公安机关的管理,可以使用法律手段特别是行政强制力,而档案部门的管理,其行政方式则更多地使用非强制力手段。第三,由于事权不同和管理方式的差异,各机关在社会地位和社会形象上就有所区别。其所动用的社会资源和配置资源的能力也有所区别。因此,机关干部新到一个机关和单位工作的同时,首先要看到这种"行业"的区别,进而了解这种"职业"的区别,特别是,随着时间的推移和对工作的理解,要冷静地看待这种区别。第四,大体而言,在一定时期,不同机关的职能配置和工作责任是明晰的,具有相对稳定性,但随着行政管理改革的不断推进和国家治理能力和治理体系的现代化的不断发展,这种区别又是相对的,不是绝对的。随着时间的推移和改革的深入,机关之间的职能配置和职责划分也经常调整。所以,我们要用发展变化的观点看待不同机关和单位的职责和任务。

## 二、全面看待单位规格和地位

新中国成立以来,我国政府机构就有规格、性质的区别,在规格上，纵向上有正副部级、正副厅级、正副处级和正副科级的区别，横向上同一层级政府也有正副级的区别。在中央政府层面，国务院的组成部门一般是正部级机构，而国务院的直属机构、事业单位、特设机构以及办事机构，有的是正部级，有的是副部级。比如，国务院直属机构中，市场监管总局就是正部级单位，而中国气象局、中国地震局就是副部级单位。这种机构规格和级别的差异，一般根据该机构在政府组织中的地位以及所承担的工作职责来确定，有时根据政府机构改革的总体目标和任务来设定。在性质上，这些机构也有行政单位、事业单位甚至直属企业的差别。比如，国家发展改革委、交通运输部等是行政单位，而中国证券业监督管理委员会、中国银行业保险业监督管理委员会，是国务院的直属事业单位，同时又履行行政管理职能。当然，事业单位改革后，这些履行行政管理职能的机构要逐渐划归行政机构。还有一类单位，比如中国金融投资股份有限公司则属于国务院的直属企业。作为机关干部，新到一个单位工作，首先要认识本单位的机构性质、规格和级别，有针对性地开展相关工作；同时，又要看到这些性质、规格和级别处在不断地发展变化之中。所以，要用全面、发展和动态的观点看待这些问题和现象，不能因为单位规格高、职能强而沾沾自喜，感觉高人一等，也不能因为是事业单位、企业单位就自觉惭愧。无论是行政单位、事业单位还是企业单位，也无论是高级别、高规格的机构还是低级别、低规格的机构，都是这个阶段国家行政管理工作的客观需要，是组织工作的需要，并没有高低贵贱之分。

### 三、理性看待自己所在岗位

在机关内部，特别是大机关，由于内设机构多，既有综合行政和秘书部门，也有专业技术和管理部门；既有研究咨询部门，也有行业管理部门；既有动脑动笔的工作，也有动手动腿的事情，此所谓分工不同、行业各异。由于部门和行业之间的差别，岗位与岗位之间、司局与司局之间、处室与处室之间，其差别有时特别明显。需要指出的是，近些年来，由于统一津贴补贴制度和职务职级并行制度的不断完善，在工作和津贴补贴收入上，同一机关、同一级别的不同部门和岗位的机关干部收入不会有差别，但由于每个人都工作在不同岗位，其岗位特征和行业属性的差别则是明显的。

无论是哪类机关的干部，首先要看到不同工种和不同行业之间的区别，看到自己所在部门和岗位与其他部门和岗位的差别。同时，也要看到这种差别不是一成不变的，随着时间和条件的变化，这种差别会有所变化。其原因：一是部门的变化。我们所从事的岗位本身因为机构改革、职能精简、行政审批制度改革等原因在不断地变化，今天设置了这个司、处、科，明天可能就撤销了，还有可能升格为更高一级的机构。二是岗位的变化，即领导根据机关干部的工作适应性和岗位需求，把我们调整到一个更加合适的岗位工作，或者调入另外一个部门工作。鉴于这两种情况，作为机关干部，我们既要理性地认识在同一机关内部不同岗位之间的工作差别，以及由此带来的发展机遇和前途的差别；同时，也要看到这种差别的非固定性和变化性，从而用更加积极和良好的心态对待目前所从事的工作，看待自己所在的岗位，做到脚踏实地，心无旁骛，不好高骛远，不盲目攀比。这种心态，就是正常而平和的心态，也就是机关工作所需要的成熟心态，正如宋代理学家程颢的《秋日》云：

闲来无事不从容，睡觉东窗日已红。万物静观皆自得，四时佳兴与人同。道通天地有形外，思入风云变态中。富贵不淫贫贱乐，男儿到此是豪雄。

# 第二讲：如何立足长远，把握大势

> 所谓立足长远，就是要在日常工作中看到今后可能承担的重任，在平凡的事务中看到今后不平凡的前景，在眼前的挫折中看到未来的发展希望。而所谓把握大势，就是要在细微的具体工作中找到基本的程序与方法，在复杂多变的局面中找到大致的原则与规律，在看似平淡无奇的点滴变化中看到历史的脉动和未来的趋向。

于无声处见机关大势

准确站位，合理预期

急于求成什么都不成

所谓立足长远，就是要在日常工作中看到今后可能承担的重任，在平凡的事务中看到今后不平凡的前景，在眼前的挫折中看到未来的发展希望。而所谓把握大势，就是要在细微的具体工作中找到基本的程序与方法，在复杂多变的局面中找到大致的原则与规律，在看似平淡无奇的点滴变化中看到历史的脉动和未来的趋向。

## 于无声处见机关大势

新中国成立以来，党和政府为建立和完善结构合理、人员精干、灵活高效的党政机关进行了坚持不懈的努力，进行过多次精兵简政。改革开放以来，我国分别在1982年、1988年、1993年、1998年、2003年、2008年、2013年和2018年进行了八次规模较大的政府机构改革。党的十八大以来，以习近平同志为核心的党中央审时度势，顺应国际社会政治和行政体制改革要求，结合国内党政机关和群团组织管理现状，全面系统推进党和国家机构改革。2018年3月，中共中央印发了《深化党和国家机构改革方案》，开启了深化党中央、全国人大、国务院、全国政协机构改革，深化行政执法体制改革，推动跨军地改革，深化群团组织和地方机构改革的历史进程。这次党和国家机构改革以加强党的全面领导为统领，以国家治理体系和治理能力现代化为导向，以推进党和国家机构职能优化协同高效为着力点，同时改革党中央、人大、国务院、政协和群团组织机构，同时深化地方和跨军地改革，同步推进深化行政执法体制改革，改革机构设置，优化职能配置，深化转职能、转方式、转作风，提高效率效能，构建系统完备、科学规范、运行高效的党和国家机构职能体系，其力度之大、范围之广、影响之深、效果之好，绝无仅有，彪炳史册，为决胜全面建成小康社会、开启全面建设社会主义现代化国家新征程、实现中华民族伟大复兴的中国梦提供了有力保障。

## 一、国家机关建设的新要求

国家机关作为政府工作的重要枢纽和窗口，是政府工作的"参谋部""联络员""协调器""服务中心"，是政府履行行政管理和公共服务职能的基础和重要保障。深化国务院机构改革，重点在转变政府职能，坚决破除制约使市场在资源配置中起决定性作用、更好发挥政府作用的体制机制弊端，围绕推动高质量发展，建设现代化经济体系，加强和完善政府经济调节、市场监管、社会管理、公共服务、生态环境保护职能，结合新的时代条件和实践要求，着力推进重点领域、关键环节的机构职能优化和调整，构建起职责明确、依法行政的政府治理体系，增强政府公信力和执行力，加快建设人民满意的服务型政府。

一是大力推进服务型机关建设。坚决贯彻党的意志和主张，自觉服从服务党和国家工作大局，找准工作的结合点和着力点，落实以人民为中心的工作导向，在国家机关中广泛开展世界观、人生观、价值观和权利观、利益观、地位观教育活动，不断增强广大机关干部的大局意识、责任意识和服务意识，更好地为领导服务，为机关服务，为基层群众服务。

二是大力推进学习型机关建设。做到学以立德、学以增智、学以致用。在机关干部中营造热爱学习、潜心学习的氛围，丰富学习内容和学习形式，激发机关干部学习的自觉性和积极性，不断提高理论政策水平和解决实际问题的能力，努力建设学习型机关和学习型组织。

三是大力推进效能型机关建设。改革管理体制，创新工作方式，大力推行行政首长负责制和绩效评估制度，在制度建设、政务公开、强化管理和提高质量等方面，不断有新思路和新举措，推动各级机关解放思想，实事求是，做到依法行政、优质服务、科学公正、廉洁高效。

四是大力推进和谐型机关建设。在机关干部中开展经常性谈心和思想交流活动，定期召开民主生活会，努力化解各种矛盾。加强内部制度建设，营造民主和谐氛围。加强环境整治，构建和谐办公环境。大力推行政务公开、信息公开和行政公开，鼓励干部职工大事讲原则，小事讲风格，以和谐机关建设的新成效带动和谐社会的建设。

五是大力推进节约型机关建设。贯彻落实党中央关于建设资源节约型和环境友好型社会的要求，在国家机关大力弘扬艰苦奋斗、勤俭节约的作风，严格执行财经纪律，加强机关国有资产管理，控制楼堂馆所建设，规范国内公务接待，严格车辆使用管理，精简会议、文件数量和规模，严格出国（境）审批，切实降低机关运行成本。

## 二、机关干部行为的新变化

政府管理改革和机关工作的变化，要求国家机关干部在责任上，不仅要忠实履行自己的岗位责任、法律责任和政治责任，还要忠实履行自己的主观责任，即自觉做到维护机关团体利益和共同价值观念，规范和约束自己的行为，在机关团体价值和个人良知范围内开展各项活动。在行为上，做到政治坚定、忠于国家、保守秘密、勤政为民。在工作技能上，做到业务精湛、依法行政、开拓创新。在道德上，做到品行端正、道德高尚、清正廉洁、公道正派。在新时代，机关干部要把握党政机构改革与发展的大势，自觉在转变思维模式和工作方式上下功夫，才能从容应对各种挑战，更好、更快地适应机关工作。

第一，从定式思维向创新思维转变。长期以来，机关工作人员习惯按照领导意图办事，日积月累，难免形成被动从属、谨小慎微的思维定式。这种思维具有两面性：不容易出差错和难以适应新形势变化。而创新思维要求机关干部做到思想活跃、思维开阔，在实干之中勤于思考，在忙碌之余善于总结。因此机关干部应在按照规定程序完成工作任务的基础上，努力突破定式思维，积极开动脑筋，出主意、想办法、提建议，探索新思路，拓宽新领域，取得新突破。

第二，从事务管理向政务服务转变。随着社会主义市场经济体制不断完善、经济领域改革不断推进，各种社会组织和法人将在更宽领域和更深层次参与市场竞争，各级政府的决策活动也就更加频繁。这就要求机关干部能够提供更多、更好的政务服务。为此，要切实改变只跟着领导转，仅满足于照方抓药的现象，主动把自己的工作定位在充分发挥政务职能、全方位服务工作大局上，深入开展调查研究，努力掌握全面情况，创造性地开展工作，为机关单位决策提供全面、及时、周到的服务。

第三，从参与型向参谋型转变。经过一段时间的努力，工作接触面宽，了解情况多，得到信息广，这些都为机关干部发挥"参谋""智囊"作用提供了基础条件。所以，要密切关注改革发展的新形势、新动向，密切关注体制机制改革的新举措、新经验，敏锐把握新形势对本单位、本部门生存和发展的影响。特别要自觉围绕本部门中心工作，超前为各级领导特别是自己的直接领导收集信息、设计方案，为其决策提供高质量服务。

第四，从被动服务向主动服务转变。充分调动主观能动性和创造性，具体而言，机关干部要想领导和群众之所想，急领导和群众之所急，谋领导和群众之所需。在工作中，要换位思考，时时处处站在分管领导的立场和角度来观察、分析和思考，对问题做到了然于胸，对方案做到胸有成竹，对效果做到运筹帷幄。

# 准确站位，合理预期

科学排队、准确站位是机关干部在机关工作要解决的基本问题，而明确方向、合理预期是机关干部从事机关工作、把握内在规律、推动事业可持续发展的重要任务。

## 一、什么是机关干部站位

机关干部站位，是指机关干部根据自身条件、机关和组织需要，按照扬长避短原则，参照机关类型和层次划分标准，结合工作职责，经过纵向和横向的分析比较，准确把握自身角色，为自身确定发展目标及其任务而进行的一系列前瞻性战略思考和规划的活动。机关干部站位有利于从全局的高度，认识和把握机关工作中的各种具体问题，有利于激励和团结全体公务人员为实现机关工作目标而共同奋斗。从这个意义上说，机关干部的准确站位是形成健康有序机关工作体系的重要保证。

## 二、准确站位的要求

站位是做好机关工作的基本前提，机关干部只有站位清楚、准确，才能各司其职、各谋其政，确保机关工作正常顺利开展。反之，如果站位不准、站位模糊甚至站位错乱，比如办公室人员只关心信息综合、协调督察，而忽略文电收发、请示报告等具体事项，就必然发生工作职责错位、越位等现象，影响工作质量和行政效率。机关干部要想准确站位，关键是要把握以下几个方面。

### 1. 把握时代特点

党的十九大报告指出，经过长期努力，中国特色社会主义进入了新时代，这是我国发展新的历史方位。这个新时代，是承前启后、继往开来、在新的历史条件下继续夺取中国特色社会主义伟大胜利的时代，是决胜全面建成小康社会，进而全面建设社会主义现代化强国的时代，是全国各族人民团结奋斗、不断创造美好生活、逐步实现全体人民共同富裕的时代，是全体中华儿女勠力同心、奋力实现中华民族伟大复兴中国梦的时代，是我国日益走近世界舞台中央、不断为人类作出更大贡献的时代。

机关干部站位要立足这一背景，牢记"国之大者"，自觉做到在大局中站位，在全局中谋划。也就是说，机关干部不仅要做大局的关注者，时刻不忘大局，深入了解大局，全面把握大局；还要做大局的研究者，自觉加强对大局的研究，把握大局的要点和精髓；更要做大局的服务者，通过关注大局、研究大局、把握大局，达到服务大局的目的，保证本单位工作的有效开展。

2. 明确目标和职责

机关干部在政务工作中，要出好点子，为领导出谋划策，在起草文稿、制发文件、处理公文、编发信息等工作中，做到博于学、慎于思、明于辨、勤于写、笃于行、淡于功。在事务工作中，要根据领导的安排，努力担负本单位的运转保障、安全保障、技术保障、信息保障、保密工作等职能，尽可能使各项工作做到全天候、无缝隙、零差错，实现"安全零风险、稳定零事件、投诉零发生、服务零缺陷"的目标。

3. 规范自身行为

作为机关干部，不要因为在机关工作，掌握资金和项目审批权，或者在领导身边当秘书，就忘乎所以，盛气凌人，官气十足，远离了同事，也失掉了根基。自觉以"严以修身、严以用权、严以律己，谋事要实、创业要实、做人要实"的标准要求自己。无论前台后台，切忌哗众取宠，急功近利，一味追求表面政绩，更不能用放大镜看自己的"成绩"，用显微镜找别人的不足。人际方面，既要处理好与领导的关系，遇到问题及时请示汇报，不辜负领导信任，也要处理好与同事的关系，谦虚谨慎、以诚相待。在处理与职能部门的关系时，少讲条件，相互配合，团结协作，互相支持。

## 几种越位行为应注意

一戒场合越位。有些场合,比如参加会谈、宴会、应酬接待等公务活动,作为机关干部,在这些场合不宜表现过多,避免喧宾夺主,有失礼仪。

二戒工作越位。工作要多干,但并不是多多益善。有些工作留给领导干更合适。如果你盲目地"主动",干了领导才能干的事,就可能造成越位。

三戒表态越位。表态是表明对某一事物的看法和基本态度,表态一定要符合身份,这里面很有学问。作为机关工作人员,长期在领导身边,切忌信口开河,胡乱表态。哪些话可以说,哪些话不能说,哪些话虽是自己想说的但如何通过领导的嘴讲出来,要慎重把关。

四戒决策越位。按说,机关工作人员只有建议权,没有决策权,不可能出现越位问题。但在实际生活中,有的机关工作人员自我感觉良好,往往容易过多地干预领导的决策,有的甚至把自己的思想强加于领导,这是非常不明事理的,时间长了也是会出问题的。所以,一定要记住,在决策酝酿阶段,机关干部可以大胆地提意见和建议,决策的确定,还是由领导来拍板。

五戒谈话越位。机关工作人员如何与领导交谈,也是一个非常敏感的问题。一方面,机关干部必须与领导交谈;另一方面,与领导谈话,不允许太随便,要求在谈话的范围、态度上有一定的分寸。谈话不投入、不积极，可能惹领导不高兴；谈话太投入、太积极，与领导某些心理定式冲突起来，也会引起领导的反感。和领导谈话，一要讲政治，一般不要涉及领导的人际关系、保密事务，不能与领导所要执行的方针政策有冲突；二要注意身份，不能夸夸其谈，对领导指手画脚；三要就事论事，不要东拉西扯，公务谈话扯得太远，也是一种越位的表现；四要随机应变，与领导谈话，总是处于被动地位，你的谈话可能引不起领导的兴趣，有时领导可能终止谈话，或者另找话题。为此，机关工作人员必须仔细考虑，精心计划，留有余地。谈话中主体意识太强，总是要求领导围绕你的话题转，对领导的插话、中断话题、转移话题表现出明显不满，都可能造成越位。①

### 三、对事业要有合理预期

说起机关干部职业，人们会想到它的"光鲜"——工作稳定，待遇优厚，社会地位高，甚至有人觉得进了机关干部队伍就等于进了保险箱。一个人能够自由选择职业，是社会自由活跃的表征。出于职业和待遇的稳定预期，去争取某个职位，是人的自然本性。20世纪八九十年代，曾有不少官员"下海"，对进机关工作"不屑一顾"。但自1993年我国实行公务员制度以来，机关干部职业俨然成

---

① 张传禄：《机关的机关》，金城出版社2007年版，第95—96页。

了一部巨大的人才抽水机，其巨大的吸附能力不仅反映了这个行业不会有拖欠工资、缺乏尊严感、榨取式用工等乱象，更重要的是，还说明这一职业的现实优势：收入较好，福利优厚，有成就感，社会认同度高，稳定而富有挑战性，能够实现自身价值，等等。

在几千年农耕历史文明的现代国度，"学而优则仕"的传统理念，"修身、齐家、治国、平天下"的士大夫理想，"魏武挥鞭，东临碣石有余篇"的人生追求，成为许多机关干部的职业预期。那么，到底如何看待这种职业预期，在机关工作中，如何把握"做事"与"做官"的关系，是机关干部必须解决的重大问题。

1923年12月21日，孙中山在岭南大学怀士堂对青年学生们说："古今人物之名望的高大，不是在他所做的官大，是在他所做的事业成功。如果一件事业能够成功，便能够享大名。所以我劝诸君立志，是要做大事，不可要做大官。"邓小平也曾说：我出来工作，可以有两种态度，一个是做官，一个是做点工作。我想，谁叫你当共产党人呢。既然当了，就不能够做官，不能够有私心杂念，不能够有别的选择。江泽民同志曾经指出，共产党人要立志做大事，不要立志做大官。凡是关系党和国家利益的事，涉及人民群众利益的事，都是大事，都要认真过细地去做，都要努力做好。胡锦涛同志反复强调，要树立和坚持正确的事业观、工作观、政绩观，以优良作风带领广大党员、群众迎难而上，锐意改革，共克时艰。习近平总书记指出，立志是一切开始的前提，青年要立志做大事，不要立志做大官。

理想因其远大而为理想，信念因其执着而为信念。习近平总书记关于青年要立志做大事，不要立志做大官的训示，意思是要人们正确处理做事与做官之间的关系。机关干部在机关工作，想做官并不可耻，关键看怎么做官、为谁做官。手中的权是把双刃剑，既可以做好事，也方便做坏事。什么是"做大事"？什么算是"大事"？比如，与老百姓切身利益密切相关的"柴米油盐酱醋茶"是"大事"还是"小事"？从"民以食为天"的角度来说，这可能就是天底下最大的事情了，所以，习近平总书记说，"悠悠万事，吃饭为大"。对于一个普通人，要满足一己所需，不做官是可以的；但要想解决一村、一乡、一县、一市、一省乃至一国人的需求，不做官恐怕是办不到的。由此看来，做事与做官之间有一定的必然联系，特别是"做大事"与"做大官"之间，其联系则更为密切。

我们知道，除个人私事外，要想办一些公事，需要有一定的条件和位子，此所谓"有其位才能有所为"，但这个"为"是指作为，即要做好事、不要做坏事，要做好官、不要做坏官，这就是"有为才能有位"。《尚书》中说，"大道之行也，天下为公，选贤与能"，也是说要选择"好官"为天下人做事。所以，有"做大官"的想法并不可怕，可怕的是"做大官"以后不做大好事，而是干大坏事。所以，在职业预期上，我们党的干部路线一直是"以有为求有位"，而不是颠倒过来。作为机关干部，万万不可像鲁迅先生在《华盖集续编·学界的三魂》中描绘的那样，"中国人的官瘾实在深……那魂灵就在做官——行官势，摆官腔，打官话"。要树立正确的世界观、人生观、价值观、权力观、地位观和利益观，立志于察实情、办实事、求实功，以有为求有位，积极履行社会发展的参与者、公共利益的捍卫者、多元责任的承担者、公共资源的管理者以及基层群众的服务者等职责，不要一门心思以当官、当大官为终极目标，而要以更大的作为更好地为人民群众服务，这才是真正合理的预期。

孔子曾经把人生划分为三个阶段，他认为，成功人生，关键要迈过三道门槛，这就是"少之时，血气未定，戒之在色"；人到了中年，"血气方刚，戒之在斗"；到了晚年，"血气既衰，戒之在得"。所以，针对自己的不同年龄，对事业要有合理的预期，孔子的谆谆教诲，值得我们深思。

## 急于求成什么都不成

当今社会，事物发展节奏快，知识更新频率高，人与人之间竞争激烈，一步登天或一夜暴富的故事时有发生，不到两三年就提拔一级甚至越级提拔的事例也不鲜见。这些无可辩驳的"成功"，牵动了不少人的功利神经，致使有些人心静不下来，书读不进去，工作沉不下去，迷茫不安，烦躁偏激。怎么看待进退留转，成为每一名机关干部不得不面临的重大课题。

## 一、急于求成危害巨大

习近平总书记在庆祝改革开放40周年大会上的讲话中指出，改革开放40年春风化雨、春华秋实，改革开放极大地改变了中国的面貌、中华民族的面貌、中国人民的面貌、中国共产党的面貌。中华民族迎来了从站起来、富起来到强起来的伟大飞跃！中国特色社会主义迎来了从创立、发展到完善的伟大飞跃！中国人民迎来了从温饱不足到小康富裕的伟大飞跃！中华民族正以崭新姿态屹立于世界的东方！的确，改革开放以来，我们用40余年的时间，完成了西方国家二三百年的建设目标和发展任务，取得了举世瞩目的成就，获得了无与伦比的成功，其速度之快、效率之高、变化之大令世界人民刮目相看，以"时间就是生命，效率就是金钱"为原色的深圳速度、深圳奇迹，更让全球为之震撼。但也要看到，改革开放在取得巨大成就的同时，在某些领域和某些干部身上，也出现了跑步前进、急于求成、浮夸浮躁之风，办快事、赚快钱、当快官、急于求成之风或者说浮躁之风在一定程度上蔓延，而且有不断扩大的趋势。急于求成是功利化的外在表现，是浮躁的表征。有些机关干部被利欲蒙蔽，被浮躁操控，做梦都想实现"25岁正科、30岁正处、35岁正局、45岁正部、55岁副国级"的人生设计；错误理解"提拔使用年轻干部"政策，到点就想提，如果到点不提，就想方设法搞"运作"，企望走捷径，少劳多获，甚至不劳而获。有的盯着位子干工作，任职年限还不到，就琢磨着提前动一动。有的盯着领导做事情，谋人甚于谋事，出发点不是群众满不满意，而是领导高不高兴。有的盯着"彩头"抓落实，能出彩的笑脸相对，不出彩的冷面相向。浮躁必然损害机关风气。一个单位既浮且躁、既圆且滑的人多了，势必影响那些老实做人、踏实做事的人。比如，干部调整，有的本来成绩突出、提升有望，但不找领导"汇报汇报"，似乎总不放心；评优选能，有的明明素质过硬、没有问题，但不到领导家里走一走、坐一坐，似乎总不踏实。长此以往，这种风气会进一步影响机关工作，使机关单位为人民服务的质量打折。

## 二、急于求成原因复杂

急于求成的原因是多方面的。

一是体制转型影响。伴随社会转型期利益结构的调整，每个人都面临着重新定位的问题。面对复杂的社会，个人很难对自己的行为进行预测。对社会、人生、事业的认识还不成熟的机关干部，极易头脑发热，心浮气躁。同时，过度的竞争加剧心理压力，造成机关干部之间的相互攀比，形成一种不良的社会比较，从而导致浮躁的产生。

二是社会风气影响。改革开放取得举世瞩目的伟大成就，但也出现贪污受贿、权钱交易、权色交易等各种社会丑恶现象，社会分配的差距拉开了，各种问题也随之而来。在这种背景下，有的机关干部对自己的人生目标无所适从，不能踏踏实实把工作做好。为获得及时的满足而缺乏奋斗的耐性，盲目追随潮流而丧失了选择自主性，追求感观刺激而忽视了精神生活的充实，一切凭感觉行事而代替了理性思考，闲不住，坐不住，跑跑颠颠，浮躁之心更甚。

三是个人因素影响。多数干部一毕业就进入机关工作，大学所走过的路过于平坦，从家门到校门，其间风吹雨打少，挫折承受能力弱，加上家长呵护有加，是自豪感和自尊感很强的一个群体。特别是经过激烈的"国考"成为国家干部，怡然自得的心理油然而生，这种错误的自我认知容易造成思维错位，从而导致情绪困扰，困扰得不到解决，随之就产生烦躁心理。

## 三、狠刹急于求成的歪风

急于求成是一种不理智、不健康的心态。一个人一旦急于求成，就会偏激、迷茫，失去前进的方向，甚至误入歧途，害人害己，于事业不利，更于单位无益。作为机关干部，必须坚决刹住急于求成的歪风。

第一，要树立良好心态。有些同志在一个部门干久了，看到别人"进进出出"，觉得自己老是"原地踏步"，心态就浮躁起来，缺乏工作激情，少了竞技状态。消除浮躁情绪，保持良好状态，重要的是要有一个好的心态。不能一心只想着名利和升迁，只有乐观向上、豁达大度，才能构筑快乐的人生。思想是行动的先导，要拥有健康的思想，知道自己该做什么、不该做什么，该追求什么、不该追求什么,该得到什么、不该得到什么,这样才能保持良好的心态。

第二,要加强自律约束。人的本性往往需要张扬和释放。如果对人性没有约束,任其自由发展,必然会产生贪婪、出轨等事端,给自己和家庭带来灾难。对于机关干部而言,人性要靠党性、法律和道德来保障。因此,机关干部特别是党员干部要始终坚持用党性约束本性,在党性约束的范围内张扬自我、释放本性,实现自己的人生价值。

第三,要做到埋头苦干。只有先埋头才能最后出头。埋头,就是专心致志,目不斜视,耳不旁听,心无旁骛。出头,就是有所作为,施展抱负,实现理想。事实证明,只要埋头认真做事,就能赢得人们的尊重,这样出头才有理由,才有底气。一味只想出头,从不埋头,永远也不可能出头。埋头干事业,出头展抱负,这是每位机关干部都要掌握的基本道理。

第四,要学会宁静致远。只有静下心来,保持内心的安宁,不为名利得失所困,不受进退流转影响,守得住清贫,耐得住寂寞,才能实现远大的理想和抱负。做事做官,只有坚定为老百姓服务的信仰,保持宁静的心态,才能承受官场得失、进退、去留的考验。内心浮躁就不能集中精神思考问题,也不能静下心来认真处理事务,更不能真正用心干事创业。所以,机关干部要学会闹中取静,在浮躁中清醒,不为一点成绩而骄傲,不为一时挫折而沮丧。静心方能用心,用心才能豁达,豁达才能致远。

第五,要善于快乐生活。快乐是健康的处世哲学,是乐观的人生取向，是追求自我内心和谐而且能感动并传染给别人的积极行为。快乐是一种积极的人生态度，急于求成不是快乐，而是平添苦恼和烦忧。始终保持健康的体魄、乐观的精神、善良的心地，要勇于舍弃，学会在心态调整中追求快乐，在真诚奉献中追求快乐，在敬业乐业中追求快乐，在体现价值中追求快乐，这样的人生才是积极的。

链接

### 第三只眼睛看政府管理

国际社会的政府管理改革有三个主要特点：一是广泛性、共时性、系统性，改革几乎在同一时期内涉及全球大部分国家；二是目的高度一致，即强调对传统官僚组织的否定，对传统公共管理模式的否定，要求对政府职能实行市场化改革；三是改革方向高度一致，强调以市场为导向，以公民为基础，以管理和参与为动力，以绩效为目标。

从内容上看，这场改革主要涉及三方面内容。一是强调政府管理职能的优化改革，主要通过改革公共福利政策收缩政府社会职能，通过放松市场管制收缩政府经济职能，通过非国有化改革，比如国有企业和公用事业的产权转移，实现政府减负。二是政府公共服务的市场化改革，主要手段有合同承包、特许经营、补助、凭单制、法令委托等。三是政府内部管理体制改革,主要做法有分权与分散化改革、放松规制、公务员制度改革、推行绩效管理以及政务信息化等。

经过几十年的实践发展,这场改革运动几乎波及全球所有国家,推动政府管理思想、管理职能、权力方式、管理手段以及组织机构等方面的深刻变化,产生了许多积极的成果,主要是:

一是有限政府。首先承认政府能力的有限性,因而任何一个政府都不是一个无所不为的政府,政府不能也不应该包揽一切国家和社会公共事务。这种有限政府也不是一个无所作为的政府,而是一个力求使政府职能与政府能力相契合的政府。

二是法治政府。总体要求是做到依法行使公共权力、依法治理社会事务。具体来说就是政府的任何行政行为、行政过程、行政结果都必须建立在法律的基础上。"法治政府"要求树立政府行政法治的观念,完善社会监督制度,实现行政组织、机关干部管理和行政运行各方面的法治化。

三是责任政府。政府恪守民主与法治责任,对作为权力来源的公众负责。从本质上说,责任政府要求政府对自己的行为负责,建立权责明确、行为规范、监督有效、保障有力的工作体系。具体来说,政府工作人员要进一步树立责任观念,提高责任意识;各级政府要进一步完善执法责任制和行政问责制,做到有"责"必"问"。

四是透明政府。要求将政府信息向社会公开,公民有权接触并使用这些信息,否则政府必须承担相应的法律责任。构建透明政府是民主政府的要求,也是公民利益至上的本质体现。

五是服务政府。服务政府以社会、企业和公众的合理、合法需求为行为的出发点,以这些需求的满足为行为的归宿点。要求各级政府在民主政治的框架下,通过法定程序,按照公民意志组建,以全心全意为公民服务为宗旨,履行服务职能,承担服务责任,体现政府的本质。

六是廉洁政府。政府合理运用和把握人民让渡的公权,以公权公用为原则,杜绝和打击公权私用,特别是通过完善法规制度体系,健全惩罚、监督并重的预防腐败工作体系,遏制"寻租"等腐败行为的发生,真正做到人民的权利为人民所享。

随着改革的深化,政府与社会、政府与市场、政府与公民之间的关系发生了重大变化,适应国际政治多极化、经济全球化、文化多元化以及人类生活多样化发展趋势的要求,当代世界各国的政府治理和行政管理工作,凸显了许多新的要求,这就是:

第一,在角色定位上,政府由统治者向服务者转变。各级政府逐渐认识到,服务是政府的基本性质,也是政府最基本的职能。政府是为公民和社会服务的服务者,而不是高高在上的统治者。

第二,在治理主体上,由政府本位向社会本位转变。政府不再是公共管理的唯一主体,而只是重要的主体之一,或者说是最重要的主体。政府、非政府公共组织和民众三类主体,在公共事务管理过程中是一种平等协商、良性互动、各尽其能、各司其职的关系。

第三,在管理关系上,由主人向仆人转变。公民可以通过正常的程序和渠道参与国家治理，表达自己的愿望；政府服务的内容要由民意来决定；政府要把服务项目、内容、范围、条件、程序和主办机构向社会公开，接受公众监督；公众满意度是评判政府行为的唯一和最终的标准。

第四，在职能范围上，由全能向有限转变。作为公民让渡权力的产物，一方面，政府的职能是有限的，没有法律的授权和公民的认可，不能随意扩大或缩小；另一方面，政府的权力受到法律、社会的限制，政府的活动必须公开，并处在全社会的监督之下。

第五，在治理方式上，由人治向法治转变。政府的一切工作必须做到有法可依、有法必依、程序正当、高效便民。政府要从原来的主要依靠政策、行政命令办事转变为不仅要靠政策、行政命令办事，也要依据法律法规和法定程序办事。

# 第三讲：如何进入情况，谙熟规则

> 进入情况，就是要在很短的时间内掌握本机关、本部门的基本情况，学会和掌握在本机关、本部门工作的基本要求、内在特点和基本规律。谙熟规则，就是要熟悉和掌握本机关、本部门工作运转的内在机理和程序，懂得运用这些机理和程序，顺利完成各级领导交办的工作。在一定意义上，谁进入情况早，谁就争取了工作主动权；谁谙熟规则快，谁就掌握了事业成功的砝码。

进入情况越早，越主动

按规定程序办事

授权有限，责任重大

既要诚心，又要正意

进入情况，就是要在很短的时间内掌握本机关、本部门的基本情况，学会和掌握在本机关、本部门工作的基本要求、内在特点和基本规律。谙熟规则，就是要熟悉和掌握本机关、本部门工作运转的内在机理和程序，懂得运用这些机理和程序，顺利完成各级领导交办的工作。在一定意义上，谁进入情况早，谁就争取了工作主动权；谁谙熟规则快，谁就掌握了事业成功的砝码。

## 进入情况越早，越主动

进入情况的快慢，是判断机关干部机关工作适应性的显著标志之一。一般而言，进入情况快，说明勤奋努力、头脑灵活、工作质量高、培养前途广。相反，进入情况慢，有的是下功夫不够，无所用心；有的是不会举一反三；有的是职业兴趣锐减，不具有岗位适应性；等等。因此，作为机关干部，一定要把进入情况作为第一要务，切实抓紧抓好。

## 一、要充分认识自身条件

机关干部要顺利入门,首先必须认清自己的优势和不足,扬长补短,找准着力点,有针对性地完善自我,这是进入情况的先决条件。

新招录机关干部,大部分是处级以下干部,都具有非职务权的特点。所以,新到国家机关工作,虽然自己不是领导干部,无职无权,但要在机关立足,无论是哪种类型的机关干部,都要充分发挥自己的非职务权力,尽快在本机关、本单位找到位置,站稳脚跟,打开局面。一般来说,一是品德权,包括个性、形象、魅力、品德;二是知识权,包括自己的知识、信息、能力、专长、技术;三是资历权,包括阅历、经验、成功记录等;四是情感权,即善于和敢于运用情感、环境、文化、氛围等非强制性因素开展工作,处理关系,为自身成长创造良好的外部环境。

## 二、要树立良好岗位心态

面对机关生活,机关干部往往会被四种心态困扰。

一是理想主义心态。大多数机关干部都希望自己所在的单位规模大,成长空间大,权威性高。希望分配在重点部门、关键岗位和权威中心工作。但现实是,只有极少数人能够进入这些岗位,更多的人要从基层做起。理想和现实的差距,容易让人产生消极怠工心态。

二是急于求成心态。新晋机关干部往往怀揣一番雄心壮志,希望在工作中尽快脱颖而出，进入单位的领导和管理阶层。有的干部因努力没有马上得到回报，就认为单位不重视人才，在人才的管理上存在问题，工作没有前途，产生绝望的心态。

三是突破围城心态。刚到机关的干部在与朋友交流过程中，往往更多看到对方单位的优势和长处，放大本单位的劣势和短处，一时难以适应。这山望着那山高，里面的人想出来，外面的人想进去，"围城"心态严重。

四是曲高和寡心态。有的干部因知识厚实、专业技术能力强，就有"高人一等"的优越感，难以放下架子和同事打成一片。在具体工作中，想问题、办事情比较片面，存在浮而不深、依赖心理强、承受能力差等问题，稍微遇到一点挫折就容易打退堂鼓，半途而废。

以上心态机关干部必须高度重视，采取有效措施尽快加以调整。具体而言：一要做到不急躁。入门是一个逐步提高的过程，必须沉心静气，把握节奏，稳扎稳打，一步一个脚印、一步一个台阶地完成，切忌心浮气躁、急于求成。实际工作中，一些机关干部特别是有一定工作经验的同志，往往刚上手就企望承担重要任务，恨不得一步登天，实现"跨越式"发展，这样做，往往欲速不达，反而影响了自己进取的信心。二要做到不自满。无论是在同龄人中出类拔萃的干部，还是经验相对丰富的干部，都要忘记过去的"辉煌"，调整心态，摆正位置，把自己的过往彻底清零，重新积累。三要做到不灰心。无论是工作付出了努力却没有取得理想的效果，还是因工作失误受到上级批评;无论是与老同志相比感到自己差距甚大,还是觉得一起进机关的同志都比自己进步快,都不能灰心丧气、自暴自弃,要始终保持锲而不舍、积极向上的精神状态。越是耐得住寂寞、经得起挫折,越是注意摒弃机关单位那些所谓的潜规则,今后的发展进步就越有基础。

### 三、要明确工作努力方向

在机关工作中明确努力方向,是为了有的放矢,少走弯路,缩短入门时间,延长发展空间。关键要把握以下环节:

入好"思想之门"。要成为一名合格的机关干部,最根本的是胸怀天下、志存高远,不忘初心使命,把人生理想融入党和人民事业之中,把为人民幸福而奋斗作为自己最大的幸福。特别是在当前我国社会结构和思想文化日趋多样化的新形势下,机关干部要牢固树立马克思主义的世界观、人生观、价值观和正确的权力观、地位观和利益观,切实树牢"四个意识",做到"两个维护",拥护"两个确立",心怀"国之大者",夯实为党和人民事业不懈奋斗的思想基础。

入好"规矩之门"。每个国家机关都有一整套自身管理的规章制度,这些规章制度是机关工作规范化、程序化运转的重要保证,体现着不同机关对工作人员的不同要求。机关干部要适应环境、胜任工作、打开局面,必须尽快熟悉并严格遵守各项制度,用这些制度和要求规范自己的言行举止,更好地实现自我管理。

入好"本领之门"。机关干部必须具有较强的综合素质,不同的岗位对干部的素质要求各有侧重。一般来说,专业性岗位要求干部具有较完备的专业知识、较强的调查研究和组织协调能力,综合性岗位要求干部具有政策运用、调查研究、文稿起草、组织协调等多方面能力,研究性岗位要求干部具有较强的理论思维、政策研究和文字表达能力,服务性岗位要求干部具有一定的政策水平和较强的组织协调、对外交往能力。只有了解岗位需求与特点,把握其中的规律,才能更好适应工作。

入好"团队之门"。团队文化是一个集体共同理想、价值取向、行为方式的集中反映,体现着该集体的价值观念、道德风尚和舆论氛围。团队文化内在地约束和影响着成员的思想行为。国家机关无论大小、级别高低,都有自己独特的文化。比如,你在组织部门工作,给人外在的表现就应该像一个组工干部,而不能表现得像宣传部门的干部。所以,机关干部是否入门,一个重要标志就是看其能否自觉接受并主动融入这个团队,得到广泛和全面的认同。

## 四、要讲究工作方式方法

入门机关工作,需要一个过程,有的人快一些,有的人慢一些,但都必须循序渐进、逐步提高。一般认为,机关干部入门要经历三个阶段。

"小学阶段"。这个阶段相当于敲门阶段，主要是从机关工作ABC学起，学习本机关的大事记、历史资料以及人物传记，了解掌握本机关历史沿革、发展历程、工作现状，还有工作中的方针政策、程序步骤、方式方法以及待人接物等方面的基本要求。

"中学阶段"。这个阶段相当于开门阶段，主要是参与和协助领导以及同事开展工作，参与并能够和同事共同完成一般性文稿起草、活动组织、沟通协调、事务管理、安全保密等工作。

"大学阶段"。这个阶段相当于进门阶段，能独立承担有一定难度的任务，在参与重要文稿的起草和重要活动的组织时，能较好地完成任务并提出个人的独到见解，直至独当一面地开展工作。机关干部无论在哪个阶段，都没有捷径可寻，但有规律可循，只要掌握要领，就能收到事半功倍的效果。

**多学勤练深悟**

机关干部不管原来从事什么工作、学历有多高，要胜任新的岗位要求，都要踏踏实实地学习、训练和领悟。

多学。在具体的机关工作中，有针对性地增加部门业务工作知识储备；学习社会科学各领域知识，跟踪掌握社会热点问题和兄弟单位、同行工作的动态，努力开阔工作视野。同时，要善于学习他人的成功经验，特别是遇到不懂的问题时，要舍下面子、虚心请教，对别人提出的意见和建议要耐心倾听、冷静思考、虚心吸取、积极运用。

勤练。眼过千遍不如手过一遍，实践是最好的老师。机关工作实践性、操作性强，无论是调查研究、文稿起草，还是组织协调、公务接待，要成为行家里手，都必须经过反复练习、不断实践。要抓住每次机会，尽最大努力做好每件事情，即使是校对一份文稿，摆放一个桌签，制作一个胸牌，都要一丝不苟、精益求精地去完成。

深悟。一枝一叶总关情，处处留心皆学问。机关干部对待每一项工作，都要全心投入、用心揣摩，力求掌握其中的奥妙和诀窍，绝不可简单应付和轻信盲从；要善于总结，工作一段时间或一项重要工作结束后，对任务完成得好与坏的经验和教训都要及时总结、认真分析，避免工作的低水平重复，特别要防止犯同样错误、出同类失误；要讲求方法，努力做到由此及彼、由表及里，举一反三、触类旁通，增强工作的灵活性和适应性。

## 按规定程序办事

程序是科学，是规律，是实践经验的总结。按程序运转，分层次处理，按规则办事，是做好机关工作的根本要求。从一定意义上讲，机关干部按不按程序办事，会不会按程序办事，不仅是工作态度和工作技巧问题，也是一个严肃的党性原则问题。

## 一、程序及其特点

所谓万物有理，四时有序。这里的"序"指的是顺序、次序、程序。自然界是这样，人类社会也是这样。《辞海》中说，程序是"按时间先后或依次安排的工作步骤"。在机关工作中，我们办事必须讲程序。

具体而言，程序有以下特性：一是整体性，任何一项程序都是一个小的闭合循环系统，组成该系统的各要素完整而不可或缺；二是有序性，程序的每个环节都是一种有规则的排序，不能随意颠倒和重组；三是直观性，程序是操作性的步骤和方法，一般易学、易懂、易用；四是稳定性，程序是客观事物发展规律在时间维度上的排列，具有重复性和可复制性；五是政策性，程序一般反映政策和策略的要求，法律法规和方针政策通常以程序的方式向大众传播，具有明显的约束性。

事物的发展变化都是在一定的空间和时间上排列进而展开的。比如"种植"这一行为，就可以分解为播种、施肥、灌溉、收割等部分，这些部分均占用一定的时间，并且有相应的先后次序。如果不在一定的时间播种，或者把收获和施肥的次序颠倒，那么种植行为就无法达到预期的目的。所以，顺时而动，不违农时，是我国几千年农耕文明的基本规律，也是基本程序。正是因为程序反映了事物之间客观的、内在的联系和规律，体现了人们有目的的行为过程，所以，各行各业按程序办事，就成为一项普遍遵守的基本准则。在政府管理工作中，我们十分重视程序问题。李克强总理在2022年政府工作报告中指出，应对困难和挑战，各级政府及其工作人员必须恪尽职守、勤政为民，凝心聚力抓发展、保民生。坚持发展是第一要务，必须全面落实新发展理念，推动高质量发展。要锲而不舍落实中央八项规定精神，驰而不息纠治"四风"，特别是形式主义、官僚主义，坚决反对敷衍应付、推诿扯皮，坚决纠治任性用权、工作方法简单粗暴。要始终把人民群众安危冷暖放在心上，察实情、办实事、求实效，及时回应民生关切，坚决严肃处理漠视群众合法权益的严重失职失责问题。要充分发挥中央和地方两个积极性，尊重人民群众首创精神，防止政策执行"一刀切"、层层加码，持续为基层减负。健全激励和保护机制，支持广大干部敢担当、善作为。全国上下毕力同心、苦干实干，就一定能创造新的发展业绩。

## 二、按程序办事作用巨大

减少摩擦要靠程序。机关最难处理的问题，往往是"自己人"之间的利益关系问题，这方面任何一点的随意性，都有可能造成机关工作的"内伤"。由于每个人看问题、办事情都有自己的标准，比如，学历高的人认为学历重要，经验丰富的人认为经验重要，工龄长的人认为资历重要。面对林林总总的棘手问题，要做到让每一个人都心理平衡，最有效的办法还是按程序办事，不因个人好恶变更程序、违背规则，即使事情的结果可能不尽如人意，但仍然可以获得认同，凝聚人心。

提高效率要靠程序。程序规范了所有人的行为方式。很多事情并不需要反复地请示上级、协调同级，大家都按程序办事，工作中的协调次数和协调时间就会大大减少。这种方式既提高了行为效率，又降低了决策成本。同时，它还使很多非熟练工以熟练工的效率进行工作。因为"程序"解决了"熟练"的问题。相反，不按程序办事，把所有决策非程序化，大大增加了工作量，工作效率也就大打折扣。

实现公平要靠程序。政府行为的基本目标是提供公共服务，维护社会公平和正义。按程序办事，虽然要耗费时间，但由于它的整体性、有序性、不可颠倒性等特点，并能够通过这种有序对资源进行合理的整合与分配，恰恰能够获得较高的工作效率。相反，办事不讲程序无法有效地整合各种资源，导致政府行为陷入杂乱无章之中。因而，程序是实现社会公平正义的一种形式，社会公平正义则是通过合理程序获得的一种实质性结果。

发展事业要靠程序。俗语有云，"富不过三代"，在很多家族企业中，家长的"灵机一动"是整个公司的灵魂，制度和程序在这样的企业中形同虚设。国家机关虽然不是家族企业，但如果该单位领导个人独断蛮横,一意孤行,刚愎自用,也可能毁了这个单位和部门的事业。因此,按照程序办事才是确保事业发展的正当途径。

### 接待的程序

正式场合接待,一般包括接待前准备、接待中服务和接待后工作三个环节。

接待前准备要注意两个问题:一是对来宾情况要做到心中有数,包括来宾的单位、姓名、身份、人数、来意、大体停留时间和安排等。二是制订和落实接待计划,及时向主管领导汇报,听取工作意见。重要的来宾接待,一般要拟订书面的接待安排,并向来宾发放。

接待中的服务重点要做好迎接来宾、安排来宾生活、商定活动日程、安排领导同志陪同或看望、精心组织活动、安排宴请和游览、为来宾订购返程票等工作。

接待后的工作包括向来宾征求接待工作意见、送返程票并商定离开住所的具体时间、安排送客车辆和送客领导、把来宾送往离港处、告别等环节。特殊情况还要根据来宾要求,通知来宾单位接站时间和地点等。

### 三、不按程序办事贻害无穷

程序是把好事办好的基本前提，不按程序办事则可能把事情办砸，甚至把好事办成坏事。机关干部在具体工作中，要特别注意避免以下几种情况。

一是遗漏程序。即执行程序有"漏洞"，应该进行的工作步骤没有进行。究其原因，既有主观的又有客观的。客观上讲，有的是因为刚进机关，时间不长，对工作环境、业务情况不熟悉；有的是因为工作要求过急，忙中出漏；有的是因为工作任务多，时间跨度大，遗忘了。主观上讲，是工作疏忽、马虎、不认真、不仔细或者另有企图，没有把主管领导的意见及时反馈给有关部门领导，造成部门领导之间工作的被动。无论是什么原因造成的，遗漏程序对工作的损害都是严重的。

二是超越程序。就是主观上对应该执行的程序不去执行。比如有的机关干部在办文或办事过程中，图省事，怕麻烦，故意超越工作步骤，"一竿子捅上天"，"隔着锅台上炕"。不向直接领导汇报，而是越一级甚至越多级汇报。这种现象，一方面造成重复劳动，降低工作效率；另一方面容易造成领导意见不统一，影响团结，让领导工作和正常秩序被动。

三是颠倒程序。该先办的事情后办，该后办的事情先办，该先请示的后报告，该后报告的先请示。执行程序主次不分，先后不分，次序颠倒。特别是不懂得按照先后顺序、重要程度和紧急状况办事，这样做必然造成工作的被动。

四是"肢解"程序。对上讲程序，对下不讲程序；对内讲程序，对外不讲程序；要求严的工作讲程序，要求不紧的工作不讲程序；对己有利的事情讲程序，对己不利的事情不讲程序。比如，有的机关干部通知工作事项，经常把电话直接打给下属单位的一把手，造成下级业务部门茫然不知所措，造成工作的被动。有的领导布置工作，越过直接分管领导找具体经办人员，等事情办完了，直接分管领导还不知道，造成领导之间的矛盾和隔阂。章含之《我与乔冠华》一书记录的一件事情，值得我们反思：

1976年7月28日，唐山发生大地震，波及北京。在毫无准备的情况下，开始两天，北京的居民只得露宿街头，外国驻华使节也不例外。7月30日晚，在招待外宾的宴会途中，工作人员送来一张纸条，内容说未来24小时内以通县、大厂回族自治县为震中，可能发生7级以上地震。乔冠华测量了震中到北京的距离后，发现北京可能在第一冲击波上，如果真的发生大地震，后果比唐山更严重。为了保护各国使领馆，外交部党组决定连夜通知各国使馆留下留守人员，其他人，尤其是妇女儿童，由中国民航提供专机，暂时撤往广州、上海，待震情稳定后再回北京。由于时间紧迫，乔冠华打电话未找到当时的主要领导，只好告诉秘书，由秘书转告。党组一面通知使馆及民航，一面呈文给中央，以便赶在大震发生前尽可能撤出大部分外国使领馆人员。第二天中午时分，大部分工作已经完成，当时驻华使领馆人员都十分感动，乔冠华终于舒了一口气。然而，通报的大地震并没有发生，而乔冠华的政治生活却发生了"地震"。31日晚，国务院主要领导打电话批评乔冠华未经中央批准，擅自撤离驻华使领馆人员，是"严重的无组织、无纪律"，是"在地震面前惊慌失措的表现，是有失国家尊严"……

怎么做到按程序办事，大体说来，每一项工作都有若干个工作阶段和工作步骤，它们之间承前启后，环环相扣。在完成该项工作的过程中，必须按照程序规定的步骤和次序依次展开，不能随意跳跃或颠倒。每一个阶段和步骤实施前，要预先做好各方面的准备，包括数据、材料的收集，人力、物力、财力的协调，上下、左右、内外关系的沟通，预测实施过程中可能出现的情况和问题，有针对性地制定方案，等等。此外，每个阶段和步骤的衔接都要紧凑有序。要讲求时限，该上午完成的不能拖到下午，该今天完成的绝不放到明天。在办公室或者综合部门工作，经常听说的一句话就是，"今天再晚也是早，明天再早也是晚"，说的就是"凡事不能拖"的道理。该重复办理的，一定要重复办理后才能往下推进。该请示汇报的，一定要把每个阶段的情况以及进展情况详细请示汇报。当然，按程序办事的根本目的是提高工作效率，增进工作效益。在工作中遇到特殊情况，在不违背政策纪律和原则的前提下，要从全局出发，具体问题具体分析，特殊情况特殊处理，按程序办事，把程序走活，使程序更好地为工作服务。

## 授权有限，责任重大

授权，是指领导者委授下属一定的权力和责任，使下属在有效的监督下，有相当的行动自主权，以达到解决问题、完成任务的目标。授权是领导者成就事业的分身术。授权可以减少领导者的负担，使其从烦琐的事务中解脱出来，集中时间和精力处理重大问题。授权可以调动下属的积极性，激发下属的工作热情，增强其责任心，使其认真负责地做好各项工作；授权可以密切上下级的关系，加强协作，团结共事；授权可以发挥下属的专长，弥补领导者自身的不足；同时，授权还可以加强组织的整体力量，增强组织的群体合力。领导者通过合理授权，既可以简化工作程序，防止权责不明，争功诿过，也可以改变领导者大权独揽的现象；授权还可以使下属有锻炼工作能力的机会，增长才干，有利于考察和培养干部。但是，授权也要注意设定明确的目标，按照一定的程序开展。在授权过程中，要掌握授权不授责，领导要单一逐级择人授权，有根据地授权，当众授权，坚持请示汇报制度，注意授权的稳定性，防止授权后失去监控，等等。

在国家机关，根据工作职责，机关干部总要负责某一领域、某一行业甚至某几个区域的管理工作，具有履行该职责的法定权利。特别在一些宏观经济和行业管理部门以及乡镇一级基层机关，这种权力是组织授予的、独一无二的。这就要求我们充分认识组织管理及其职责，充分考虑工作要求，认真对待权利，全面履行义务，时刻牢记"授权有限，责任重大"，办好机关每一件事情。

作为国家机关干部，切不可因为领导信任，倚靠自己分管的"一亩三分地"，随意用权，吃、拿、卡、要，化"公权"为"私权"，变"公权"为"私利"，给群众留下机关"门难进、脸难看、话难听、事难办"的印象。这种人不适合在国家机关工作，最终也是要被淘汰出局的。

## 一、人贵有自知之明

到国家机关工作，无论自己以前的履历有多么辉煌，都要有"清零"的思想和行为准备。妄自尊大、自命不凡、刚愎自用要不得，不分场合、不看对象地乱发议论、乱加指责更要不得。那样，势必贻误工作，造成不良后果和影响。要经得起领导的批评和表扬，听得进同事的意见和逆耳忠言，在赞扬面前不忘乎所以，在批评面前不垂头丧气。

《论语》有云："恭则不侮，宽则得众，信则人任焉，敏则有功，惠则足以使人。"机关干部在工作中也要注意"恭、宽、信、敏、惠"五个字。恭，就是要做到为人谦恭，态度谦和，自尊自重，行为端正。宽，就是大度宽容，宽以待人，所谓有容乃大。信，就是诚实守信，为人诚实，做人厚道，办事公正。敏，就是敏锐快捷，办事效率高，善于把矛盾化解在萌芽状态。惠，就是对自己讲惠德，对别人讲惠泽，真心实意为大多数人谋利益。

## 二、按领导意图办事

一般而言，刚到机关接触的大多是一些从属性、服务性、辅助性工作，所办的每一个文件，都是领导交办的事项；所干的每一件事情，执行的都是领导的意图。因此，从一定意义上说，这些文和事是领导要办的文和事，是领导意志和意图的外在化。作为机关干部，是在各个层级领导的指示下，秉承领导意图办文、办会和办事，必须全面代表领导的意图，代表机关的意志。所以，在工作中尊重领导，服从领导，严格按照领导意图办事，是对机关干部的基本要求，也是判断其政治上是否成熟的重要标准之一。当然，严格按照领导意图办事，并不是说对领导的工作不能提出不同意见，不能有自己的看法和主张。相反，如果与领导意见不一致，机关干部可以在适当场合阐明自己的观点，但绝不能把自己的意见强加给领导甚至与领导反着干。特别是在很短时间内受领导信任的新进干部，更要做到不辜负领导信任。不能因为受领导信任，就沾沾自喜，有高人一等的感觉。相反，正是因为有领导的信任，更要加强学习，不断拓展知识层面，老老实实向"老机关"学习，向"老机关"取经，不断完善自己的业务知识体系。讲自律，坚定理想信念，在大是大非面前站稳政治立场；讲廉洁，绝不能凭借职务之便谋取私利；

讲操守，管住自己，注重小节，养成严谨的生活态度和工作习惯。牢固树立对领导负责、对机关负责、对事业负责的理念，打牢机关工作的现实基础。

### 三、谨慎对待职权

目前，我国政府正在从管制型政府向服务型政府转变，从行政审批管理向行政核准和备案管理转变，在这个过程中，仍然存在一些行政审批和行政许可事项。而一个审批项目就是一项重要的权力，就是一个涉及机构、编制、人员、经费的系统工程。从本质上讲，"放管服"改革过程、行政审批制度改革过程就是政府革自己命的过程，也是我们执政党自我革命的过程。作为机关干部，一定要在这个大背景下观察和考虑自己的工作，摆正位置。在日常工作中，不仅要负责协调机关工作日常运转的某些事项，还要负责为机关、为基层提供多方面、多层次的服务，有时还要负责领导交办的职责范围外的工作。上述工作性质和特点，决定机关干部具有一定的办事权力。对此，机关干部要全面认识、谨慎对待，绝不可因为负责事项多、掌握资金多、管理项目审批权或岗位重要，就一时忘乎所以，找不准自己的位置。更不能搞特权，谋私利，那样做会导致远离同事，失去群众基础。机关干部要正确认识权力的来源、本质、要求和两面性，自觉保持为政为民本色，做到平易近人、公正处事。

### 毛泽东身边工作人员的回忆[①]

毛泽东主席的生活管理员吴连登曾经回忆说：主席这一生，公家的就是公家的，从来不占便宜。记得处理刘青山和张子善时，主席看了他们的文件，沉思了半天，说：新中国刚刚建立，他们也是一路红小鬼过来的，现在居然搞贪污腐败，变了。为了这个国家、这个民族，要严肃认真地处理这件事情。主席批示完，把文件退给秘书的时候，还讲了一句：要下这种决心，首先自己屁股必须干净。有一次他在中南海办公室搞整风，发现很多问题，主要是少数工作人员占小便宜，要地方的土特产。主席很重视这件事情，说：凡是占了便宜的，一律沿路给各省退赔，不让你们个人负担，全部由我的稿费里出。主席还说：你们这些人，不要以为跟在我身边，就可以想怎么样就怎么样。你们不要打我的旗号。

## 四、小心拿捏分寸

拿捏分寸是机关干部的必备功夫，分寸掌握不到位，或者乱了分寸，必然给工作开展带来不利影响，也给自身发展制造障碍。在

---

[①] 文敬、王薇：《毛泽东身边工作人员的回忆》，载《学习时报》2011年6月13日，节选。

自我认知上，机关干部不能把自己当"官"来看待，应自觉做到低调、平和。在具体工作中，做到站位高一点，操心多一点，出力大一点；在工作要求上，做到标准高一点，奉献大一点，索取少一点；在工作态度上，要倡导作风实一点，奉献精神强一点。牢记"在平凡中孕育伟大，在朴实中追求神奇"，自觉做到说老实话、办老实事、做老实人。无论前台后台，无论幕前幕后，切忌哗众取宠，急功近利，一味追求显赫政绩和轰动效应。在与领导的沟通中，要全面准确地掌握基本情况，根据领导的指示和安排，围绕重点，深入一线，扎实有效地开展工作，做到有一说一、有二说二，有喜报喜、有忧报忧，既不主观臆断，也不一味迎合，更不能干扰领导决策，造成工作失误。

## 五、正确对待名利

子曰："不义而富且贵，于我如浮云。"对于名利，机关干部要做到利物不争，襟怀豁达，有所不为，知足常乐。无论是否管钱、管物、管资产，由于在特定岗位工作，接触领导多、表达愿望方便，机关干部较容易成为被重点关注和公关的对象。因而在实际工作和生活中，眼界要开阔，名利要看破，不能为其所累。在对内交往和与同事相处中，不能光想着自己占便宜，让别人吃亏。比如，在晋升、晋级、分房等待遇问题上，不能先己后人，要客观豁达，眼光长远。在对外交往和与朋友相处中，要特别注意关注自己的形象，自觉对照奉公为德、谋私为耻、清廉为荣、利己为羞的人格准则，经得起考验，耐得住清贫。做到严格遵守党纪国法，管住嘴，管住手，管住心。这样，才能把授权有限、责任重大的要求贯穿工作的全过程。

# 既要诚心，又要正意

《大学》中说，"古之欲明明德于天下者，始先治其国，欲治其国者先齐其家，欲齐其家者先修其身，欲修其身者先正其心，欲正其心者先诚其意，欲诚其意者先致其知。致知在格物，物格而后知至，知至而后意诚，意诚而后心正，心正而后身修，身修而后家齐，家齐而后国治，国治而后天下平"。这也是儒家的"内圣外王"之道。

## 一、诚心正意是修身之本

中国儒家"内圣外王"之道，客观地说，有其偏颇之处，但"正其心""诚其意"确是职场人应有的品格。塞缪尔·斯迈尔斯在《品格的力量》一书中说："天才总是受人崇拜，但品格更能赢得人们的尊重。前者是超群智力的硕果，而后者是高尚灵魂的结晶。"国家机关干部，作为治国理政的直接参与者，作为"平天下"的马前卒，做到"诚心"和"正意"，是做好机关工作的前提。

《论语·为政》里说:"多闻阙疑,慎言其余,则寡尤;多见阙殆,慎行其余,则寡悔。言寡尤,行寡悔,禄在其中矣。""多闻阙疑"就是先带着耳朵去听,有疑问的地方先放一放,多听别人的,对照自己的,有好处。"慎言其余"就是觉得自己有把握的地方,说话时也要谨慎。"多见阙殆"就是要多看,有疑问之处也要放一放,迷惑是因为眼界不够大,阅历不够多,所以行动要格外小心。多思、多想、多听、多看、谨言、慎行,这样做的好处就是"寡悔"。一个人的话里如果少了指责、抱怨,就会少很多让自己后悔的事。

**机关干部要力戒的几种毛病**

毛病一:表现。工作不是为自己干,而是做给领导看。专挑在下班的时候给领导请示工作,以说明自己如何如何忙碌,上班的时间基本不干正事。领导在的时候,表现得十分积极和诚恳;领导不在的时候,从来不会主动想到要干什么。

毛病二:应付。不把工作当事业看,而是把工作当副业干。一切以自己的私事为主,得过且过,应付领导、应付任务、应付同事。

毛病三:偷懒。偷懒的人一般以为别人不知道,但事实上你的领导和同事早已对你有特别的看法,长此以往,你的工作很难再让领导和同事放心。

毛病四:烦躁。人难免有情绪,但总是把情绪和工作搅和在一起，总是用"最近情绪低潮""遇到不舒心的事"等，作为工作不力的原因和借口，肯定不会在领导和同事心目中留下什么好印象。

毛病五：迟到。经常迟到，不仅是对别人的不尊重，更会影响自身进步。因为一个没有时间概念的人很难有所作为。

毛病六：推过。工作上出错，千错万错就是自己没有错，总是想方设法把自己"摘"出来。其实每个人都会犯错，重要的是能否总结教训，下次不再犯，那种无论犯了什么样的错都不愿承担责任、总要寻找各种理由将责任推给他人的人，结果只能引起大家的反感。

毛病七：争功。只要有一丁点的功劳，就认为是自己的；只要有一丁点的贡献，生怕别人特别是领导不知道。在领导面前夸大自己的作用，贬低同事和他人的作用；在言谈举止中显示自己如何能干，而有意忘记别人的参与和贡献。这种人绝不会博得大家的谅解和敬重。

毛病八：嚼舌。不务正业，爱管闲事，平时喜欢探听别人的消息和隐私，对道听途说得来的东西不加分析、不负责任地随处乱讲，甚至添油加醋地到处乱传，在同事和领导之间平添出许多事端来。法国总统戴高乐曾说："凡事有可能的话，就应该少摆弄你的舌头而多开动你的脑筋。"

## 二、诚心正意的标准

做到诚心正意，从现实生活来说，要求机关干部：

一要更新观念。树立全局意识，以海一样的胸襟、境界和气势来谋划事业，自觉把工作放到贯彻新发展理念中去定位、放到构建新发展格局中去谋划。

二要有干事创业的追求，一方面要当好人民的"干事"，真心诚意地为群众服务、为机关服务；另一方面要沉下心去"干事"，敢干事、会干事、干成事。

三要提升能力。无论在哪个岗位，都有"两把刷子"：一把是坐下来能研究问题、提出思路、拿出办法；另一把是走出去能协调工作、解决矛盾、办好事情。这就要求机关干部自觉加强学习和锻炼，着力提高战略思维、创新思维和辩证思维能力。

四要改进作风。真正做到沉下心、沉下身、沉下力，扎实推进各项工作。沉下心，就是要把心思放在工作上，怀着感情、带着责任，真心诚意在机关干事，积极热情为群众解难；沉下身，就是要走出机关，深入基层去体察民情、体验民生、体会民意，问政于民、问需于民、问计于民；沉下力，就是要把时间和精力都放在抓工作落实上，尽心尽力，务求见一件干一件，干一件成一件。

五要增强实效。实实在在做人，踏踏实实干事，不搞形式主义，不做表面文章，敢于负责、一抓到底。一个好机关干部，特别是一个优秀的机关干部，并不是比别人有多少特别之处，而是比别人多思考一点、多用心一点、多负责一点。这几个"多一点"，也决定了成效和结果，才是诚心和正意的外在表现。

# 第四讲：如何全面投入，用心工作

> 如果说转换角色、准确站位是为了尽快适应机关工作，那么合理预期、谙熟规则则是适应机关工作的必修课。及时转变了角色，有了准确的站位，找到合理的预期，熟悉了机关情况，那么接下来的问题就是如何全身心地投入到工作中，为自己在机关的工作开好局、起好步。

凡事先想后做

行动决定未来

练就机关三板斧

如果说转换角色、准确站位是为了尽快适应机关工作，那么合理预期、谙熟规则则是适应机关工作的必修课。及时转变了角色，有了准确的站位，找到合理的预期，熟悉了机关情况，那么接下来的问题就是如何全身心地投入到工作中，为自己在机关的工作开好局、起好步。

## 凡事先想后做

子曰："可与言而不与之言，失人；不可与言而与之言，失言。智者不失人，亦不失言。"意思是说，可以同他谈话的人而不同他谈，这是错过了人；不可以同他谈话的人而同他谈，这是错说了话。聪明的人不错过人，也不说错话。"智者不失人，亦不失言"，说明一个简单的道理，那就是"凡事先想后做"。"先想"能确保做事的方向和路径，避免跑偏；"后做"能保证做事的成果和功效，避免白做。凡事先想后做，是机关干部全面投入、用心工作的基本前提。

凡事先想后做，说的是两层意思。一是机关工作无"小"事，无论事情多小,做之前都要好好想想,即俗话说的"过脑子"。不仅要想"要不要做这件事",还要想"为什么做这件事";不仅要想"怎么做这件事",还要想"怎么做好这件事";不仅要想"这件事的来龙去脉",还要想"做完这件事的结果功过"。这就是"凡事预则立,不预则废"的道理。二是机关工作无"缓"事,工作无论任务下达得早晚,领导要求得快慢,做部下的,都要当成急事,第一时间完成,做到凡事打好提前量,力争好效果。

## 一、"先想"要做到"近忧远虑"

机关干部无论是思考问题,还是处理事情,不仅要顾及眼前,还要考虑到长远。只有这样,才能协调好局部与整体、当前与长远、个人与集体、团队与部门等之间的关系。反之,思考问题不精细,办理事情不到位,特别是说话、办事之前不仔细思考前因后果、途径方法、手段方式、注意事项以及关切点、关键点、着力点、要害点以及堵点、痛点、难点,不仅不能把话说好、把事办好,反而会得罪人、办砸事,于人于己都不利。

人无远虑,必有近忧。要想取得事业的成功,必须有长远的眼光。唯有如此,才能不被眼前的繁华迷惑,进而看到隐蔽其后的阴谋与危险;反之,一味陶醉在别人的恭维与眼下的成绩之中,就很可能被潜伏的危机击倒。在机关工作中,努力提高自己的忧患意识,提高自己对事物发展的把握能力,十分必要且重要。因为生活每天都在进行,变化每天都在发生,只有积极面对和适应这种变化,开拓思路,化危为机,才能获得成功。古往今来,凡成大事者都是善于从长计议的人,他们不会干只图眼前利益的事情。所以,在机关工作要注意:做人不能不深思熟虑,做事不能不前思后想。

## 二、"后做"要做到"善言敏行"

祸从口出,是人人都懂的道理。所以孔子说,"君子讷于言而敏于行",并说"多闻阙疑,慎言其余,则寡尤"。而说话是门艺术,同样的事情由善于说话的人讲出来更容易让人入脑入心。孟子在《尽心下》中说,"言近而指远者,善言也"。说话要从身边的事情谈起,并由此及彼、由表及里,把身边的事与长远的事联系起来,把自己的利益诉求和他人的利益诉求联系起来,这样才能达到顺利沟通的目的。

### 不做"长舌妇""乌鸦嘴"

在机关工作,"少说多做"是处世的基本要领和准则,尤其要防止做两种人。一是"长舌妇",以说为乐,不论大事小事,与自己有关还是无关,总是滔滔不绝,这种人尽管挨了不少白眼和批评,仍然不以为意,依旧乐此不疲。二是"乌鸦嘴",这类人是天生的批评家，自我感觉良好。在这种人眼里，永远没有无沙子的白米饭，也永远没有无骨头的鸡蛋，其最大的特点是爱搬弄是非，爱品头论足，爱东家长西家短，结果往往招致别人的反感。

在说和做之间，其行为准则是：说得多不如做得多，说得好不如做得好。机关干部队伍中的大部分人没有殷实的家底和无限的资源，所有的成绩都是通过一点一滴的泪水和汗水干出来的。进入机关队伍，肩上多了一份责任，不能辜负党和人民对我们的信任。因此，无论如何我们没有懈怠的本钱和懒惰的资格，就应该明白"纸上得来终觉浅，绝知此事要躬行"的道理，更应该明白"做"才是根本法则的道理。

## 行动决定未来

《读者》杂志曾经刊登过一篇名为《重要的是发射》的短文。内容是说，一名记者在采访EDS公司（电子数据公司，成立于1962年，是美国全球领先的信息技术服务公司）总裁罗斯·佩洛时问道："你们公司成功的秘诀是什么呢？"罗斯·佩洛回答得很有意思："预备！发射！瞄准！"人们对他说的话有些不解，按照常规，应该是预备、瞄准、发射才对。罗斯·佩洛是如此解释的："我们从来不等有了方法再行动，而是在行动中寻求方法，在行动中瞄准。如果射偏了，没关系，纠正它，再发射。重要的是发射，是行动！"也正是这一打破常规的理念，使得EDS公司在极短的时间内有了突飞猛进的发展。

"重要的是发射"——对这句口号式的语言，人们听后大多不会太在意，似乎是不值一提的寻常道理。但是我们在追求目标的时候，往往经过一番又一番充分的准备，在发射前纠结于发射后的效果，顾虑自己的行动是否能成功、如何面对失败等问题。而当我们真正下定决心开始发射的时候，成功的靶心早已偏离。一个人或一个团体成功地抓住目标的过程就是一个自我教育的过程，是理想自我向现实自我转化的过程，这一过程是在无数次的发射和校正中完成的，没有发射谈不上校正。只有果断地发射，从失败中寻找新的启示和经验，在下一次发射时才能更加靠近成功的靶心。

重要的是行动，行动决定未来。列宁说"一个行动，胜过一打纲领"，这是被大量事实和历史经验证明过的道理。正如邓小平同志指出的那样："世界上的事情都是干出来的，不干，半点马克思主义都没有。"只有把脑子里想的、嘴上说的、纸上写的以及自己关上房门一厢情愿勾画的，变为具体的行动、实际的效果和实实在在的利益（不是私利），我们的工作才算做到位。基于此，才谈得上理想和未来。

机关干部，无论在中央还是在地方政府工作，大部分岗位都在基层，而基层恰恰是人民群众工作生活的场所，人民群众最关心、最直接、最现实的问题都在基层体现。"上面千条线，下面一根针"，国家大政方针和布置的各项任务都要在基层落实。大多数社会矛盾萌芽在基层，解决也在基层。所以，机关干部身在基层，就要想在基层、干在基层，自己的未来也应该立足在基层。不把岗位的事情办好，不在基层岗位中施展自己的才华与所学，不在基层岗位中行动，就没有未来。

对于立志报国的机关干部来说，基层岗位是一个大熔炉，是一所大学校。基层岗位工作覆盖面广，针对性强，在一线直接面对广大群众，出活出力，没有退路和捷径。因此，我们必须增强工作的责任感，克服浮躁心理和情绪，抛弃私心杂念，把心思用在工作上；必须在攻坚克难上下功夫，在干中学，在学中干，敢于直面困难、正视矛盾；必须察实情、讲实话、办实事、求实效，把我们的构思和想法变成真实的行为和效果；必须走基层、转作风、改文风，妥善处理征地拆迁、农民工工资、国资国企改革、下岗就业、养老医疗等实际问题。确保一方平安，确保群众福祉，这样的干部才是合格的国家机关干部。

## 练就机关三板斧

在机关工作，什么最重要？或者说机关干部应该具备哪几项基础本领，才能保证在工作中如鱼得水、游刃有余？根据组织人事部门的调查和统计，总结大多数机关干部的从政经验，得到的结论是三句话：坐下来能写、站起来能说、走出去能干。能写，是指能写机关公文，如领导讲话、总结计划、典型材料、调查报告等，要求机关干部具有较强公文表达能力。能说，是指表达得要领、有章法，能打动和说服人，要求机关干部具有较强的口头表达能力。能干，是指能按照领导意图，在规定的时间内高质量地完成任务，达到领导的要求和工作的目标，要求机关干部具有较强的办事能力。能写、能说、能干就是我们通常所说的机关工作的"三板斧"。客观地讲，练就了机关工作这"三板斧"，就能成为一个合格的机关干部，也就具备了成为优秀机关干部的先决条件。

## 一、坐下来能写

"能写"是机关工作的基础，是机关干部的看家本领。在机关工作，必须有很强的文字表达能力，这是每个机关干部必须具备的最重要的本领。无论在科教文卫岗位，还是在农林商检岗位，抑或在发展改革财政等宏观管理岗位；无论是综合管理部门、专业技术部门，还是综合执法部门，因为我们所从事的是行政管理工作，我们的行为是公共管理行为，所以，通过机关公文贯彻党的路线方针政策，传达上级指示命令，安排布置工作任务，反映当前工作情况，正确行使管理职权，不仅是公共管理的常规性工作，也是检验和判断机关工作能力的根本标准。"国考"为什么设置"申论"这一考科，这一考科不是要我们会写小说、散文和诗歌，而是要用简练的公文语言，贯彻党和政府的意志，表达管理和服务的基础信息，为做好公共服务提供支持。

在实际工作中，大多数人对机关公文的写作是重视的，对提高文字表达能力、通过"以文载道"是下功夫的。但由于我国1993年才开始实施国家公务员制度，才开始把住"凡进必考"的关口，所以目前机关干部既有35岁以下通过"国考"进来的人员，也有35岁以上通过分配、招干、参军转业等多种途径进来的人员，既有全日制院校毕业的博士、硕士和学士，也有非全日制、通过函授等形式获取文凭的，成分比较复杂，水平参差不齐，对文字表达能力的理解和判断也不一样。有的同志，对文字表达能力很不重视，甚至鄙视写作，认为做具体工作、搞好服务和协调是实在的，写文章、耍笔杆子是虚的。在评价一个人时，有的人竟然把"会写"看成是书呆子的"小把戏"，常说"这个人不就是会写一点东西吗"。

文章千古事。"能写"是机关干部综合素质的反映，没有较高的观察问题、分析问题、统筹问题以及表达问题的能力，不仅写不好，从本质上讲也干不好。那种认为不读书能干好事，不会写文章照样也能干好事的观点和主张，是在文化的极度贫困之下产生的短视行为，也是一种内心空虚、负国误民的不负责任的行为。

人们常说"妙笔生花""一字千金"。拿破仑有句名言，"新闻记者的一支笔，顶得上十万支毛瑟枪"。机关干部要有所作为，就要努力使自己成为过硬的"笔杆子"，无论什么体裁的文章，拿起笔来就能写，这才是人间正道。

## 二、站起来能说

"能说"是机关工作的关键,是机关干部事业发展的基石。上情下达、下情上报是机关工作的家常便饭,也是贯彻上级意图、掌握基层愿望、实现善治和良治的重要途径。其中要求每个机关干部必须具备较强的口头表达能力,这样才能把上级的指示、下级的愿望、自己的意见和观点,及时、准确、高效地传递给他人和组织。

机关工作的"能说",并不是要我们到处去演讲,去搞轰轰烈烈的运动,而是要通过我们的语言表达,准确理解政策法规,规范解读制度办法,有力宣传发动群众,有效沟通上下左右,最终达到统一思想、提高认识、团结一致向前看、齐心协力把事干的目的。

所以"能说",一是要做到逻辑清晰。讲情况,提建议,讲措施,都要做到观点鲜明,条理清晰,层次清楚,一是一、二是二,不能一是三、四是一,前言不搭后语,内容杂糅,逻辑混乱,这样说话,对听者而言是一场灾难。二是要做到观点鲜明。想说什么,不想说什么,想哪些重点说,哪些可以一带而过,说之前心里一定要有数。判断的标准是让听众在很短的时间内能知道你主张什么,反对什么,阐明其中的理由,讲清中间的道理,让人们认识到其正确性和可行性。三是要做到言之有物。说话不能空对空,这样是没有人愿意听的。言之有物,就是要把抽象的东西说实在,把原则的东西讲具体。根据对象,选择合适的表达方式,具有很强的针对性、操作性，切中要害，而不是无病呻吟。四是要做到有的放矢。说话不看对象，交谈不讲地点和场合，这样的"能说"不仅达不到目的，有时还会有反效果。所谓有的放矢，就是要根据说话的对象，特别是年龄、经历、受教育程度以及对方的心理特点、行为特征，有选择性地把握说话的角度、内容、深浅和时效，这样的言语，才能取得较好的效果。五是要做到生动有趣。说话幽默风趣，生动形象，通俗易懂，引人入胜，由此及彼，如果做到悦人心田，产生共鸣，就达到最佳沟通表达的标准了。一个善于口头表达的人，不仅要有雄辩的逻辑思维，还要有风趣的形象思维，善于将身边人、身边事变成生动的素材，通过这种表达，引人深入和增强记忆。

### 三、走出去能干

"能干"是机关工作的保证，是机关干部成功的密钥。机关干部，尤其是新到机关的干部，都想干事，而且想干一番大事。想干事，反映的是态度；而能干事，反映的却是能力。只想干事而不会干事，就像只有"唱功"没有"做功"一样，最终是干不成事的。

机关干部只有把想干事的激情和会干事的本领结合起来，才能心想事成，干成事业。会干的标准有很多，总体而言，不外乎以下几个方面。

## （一）会干必须能干

有些机关干部有干事的热情，但缺乏干事的能力，遇到难题束手无策，这样就不可能干成事；就算硬着头皮去干，也干不到点子上，弄不好反而把事干砸了。所以，会干首先要有干的能力。习近平总书记在2020年秋季学期中央党校（国家行政学院）中青年干部培训班上发表重要讲话强调，面对复杂形势和艰巨任务，我们要在危机中育先机，于变局中开新局，干部特别是年轻干部要提高政治能力、调查研究能力、科学决策能力、改革攻坚能力、应急处突能力、群众工作能力、抓落实能力，敢于直面问题，想干事、能干事、干成事，不断解决问题、破解难题。机关干部能力的高低可以用工作的进度和质量来衡量。进度快、质量好，说明能力较强，反之就差。所以，用工作的实绩来衡量机关干部的能力是准确的，也是科学的。

## （二）会干必须善干

作为机关干部，要不断深化对业务工作和发展规律的认识，正确地认识和把握具体工作规律，以指导工作实践。要坚持理论联系实际，吃透上情，摸清下情，不唯上，不唯书，只唯实。一般来讲，机关干部善于干工作，主要表现为三种境界：一是能开创性地工作，敢为天下先，敢提出并干出别人想不到、干不成的事情，具有原始创新性，这是善干的最高境界；二是能扭转性地工作，别人干不好、干砸了，但是你能干并且能干好，比如，扭亏为盈、整顿风气、改造局面、开拓新的领域等；三是能提高性地工作，即在前人或者别人的基础上，走得更远、做得更大，使单位知名度更高、凝聚力更强。

（三）会干必须实干

要学会运用群众观点和群众路线干事情，经常深入基层、深入员工、调查研究，多干群众急需的事、群众受益的事、务实基础的事、着眼长远的事，只有这样，才能得到广泛的信赖和支持，才能从群众中找到解决问题的途径，依靠群众的智慧和力量来推进各项工作。要善于一步一个脚印地做工作，注重研究自己所在地区、部门和单位的实际情况，根据自己的特点，制定具体措施。对于已经确定的目标、看准的事情，要咬住青山不放松，聚精会神抓到底，攻坚破难，扎实推进，不见成效不收兵。

实干必须有担当精神。习近平总书记指出，"权力的行使与责任的担当紧密相连，有权必有责。看一个领导干部，很重要的是看有没有责任感，有没有担当精神"。不担当的原因是多方面的，有的是立场观点不同，不屑于担当；有的是意志作风羸弱，不能担当；有的是能力素质不够，无法担当；有的是利益纠葛，不愿意担当；等等。但从根本上讲，还是"四风"方面的原因，有的是形式主义，把工作当成舞台，把过程当成演戏，凡事做给领导看；有的因为官僚主义，满足于布置了、说过了，至于担责的事最好别人来干；有的是享乐主义，把工作当成幌子，把职权作为手段，把实惠当成目标；有的是奢靡之风，排场很大，声势很响，派头很足，就是落不到实处。

（四）会干必须巧干

要善于运用典型的方法推动工作，树立正反两方面的典型，抓两头，带中间；坚持用分类指导的方法推动工作，把握特点，区分层次，因地制宜，整体优化；坚持用统筹兼顾的方法指导工作，统揽全局，照顾多数。"巧干"要求做到对工作条件和现状有全面、透彻的了解；要求有较强的洞察力、思维力、想象力、决策力等，能深谋远虑、高瞻远瞩，甚至能察人之所不察、见人之所不见；要善于把握态势，抓住机遇，扬长避短，趋利避害，创造性地开展工作。这样的干部才能成为真正会干的干部。

## "请示"的技巧

请示工作要讲究技巧，不是不讲条件和场合地多请示、多汇报就万事大吉。

一般而言，当事情重大、涉及全局时，要及时请示；当事情安排涉及上级和其他单位时，要及时请示；当工作涉及领导自身的行动时，要及时请示；当情况不明需要明确时，要及时请示；当事情安排涉及突发事件时，要及时请示。

但是，除非重大突发事件，当领导不方便时，要暂缓请示；当领导情绪不佳时，要暂缓请示；当领导忙于其他业务时，要暂缓请示；当领导要出门时，要暂缓请示；当领导打电话时，要暂缓请示；当领导未首肯时，要暂缓请示。

# 第五讲：如何寻求蹊径，掌握方法

> 转换角色、合理定位，立足长远、把握大势，进入情况、谙熟规则，全面投入、用心工作等机关挑战，是在通用意义上探讨机关工作的方法，本讲则主要从技术和操作层面阐述解决问题的技巧。

通往成功的办法就是找方法

熟练运用十种普适性工作方法

积极探索八类专业性工作方法

才干常在，机遇不常有

美国总统罗斯福曾经说过：克服困难的办法就是找办法，而且，只要去找，就一定有办法。工作中，人与人的差别就在于，有的人善于总结和发现问题，有的人天然无视规律；有的人天生具有很强的悟性，不点自通或者一点就通，有的人茫然不知所措，在机关工作几十年甚至到退休还领悟不出其中的道理，年岁渐长却不成熟，更谈不上成就。前文所讲的转换角色、合理定位，立足长远、把握大势，进入情况、谙熟规则，全面投入、用心工作等，是在一般和通用意义上探讨机关干部工作的方法问题，本讲则主要从技术和操作层面，探讨机关干部工作的方法问题。

## 通往成功的办法就是找方法

邓小平同志在南方谈话中指出，只要我们方向、道路正确，办法一定比困难多。在国家机关工作，总会遇到这样或那样的问题和困难，也会遭遇这样或那样的困境和灾难，完美而顺畅的人生、蓬勃而向上的事业是每个机关干部所期盼的。但同样几十年过去，有的人成就了一番伟业，有的人却碌碌无为；有的人造福了一方百姓，有的人只是居家过了日子；有的人被大家所爱戴和纪念，有的人却抵御不住诱惑，走错了路……有人说，成功=能力+机遇+方法。有的人有能力、有机遇但没有方法，有的人有能力、有方法但没有机遇，只有三者都具备，才能获得人生的成功。著名方法学家吴甘霖先生在《方法总比问题多》一书中说：

每天，从我们睁开眼睛的那一刻起，就会有许多问题接踵而至，工作、生活、情感等，这一系列问题构成了我们人生的全部内容。问题多如乱麻，有时甚至会把我们的生活搞得一团糟，让我们理不出半点头绪。可是，一旦我们冷静下来，进行理性的思考，就会欣喜地发现：问题再难，总有解决之道。方法总比问题多。关键是你对待问题的态度，而这也决定了你能否在问题丛林中自由穿梭，从而顺利到达成功的彼岸。

有句话说，"世上没有解决不了的问题，只有对问题束手无策的人"。一个卓越的人，可以在纷繁复杂的棘手难题中轻松自如地驾驭人生，凡事都能逢凶化吉，把不可能之事变为可能，从而实现自己的人生目标。其中的"奥妙"便是恰如其分地运用了方法的力量。

所以，我们要相信：一扇门关上，另一扇门会打开。没有过不去的坎，也没有解决不了的问题，除非你自己不愿过去，不愿解决。面对问题，不去努力地寻找解决的方法，只是一味抱怨，并找出各种冠冕堂皇的理由来推脱，这样的话，问题无法解决，你也不可能取得成功。

方法之于问题，有如钥匙之于门锁，只有找对了方法，你才能打开问题这把棘手之锁，从而轻松摆脱各种束缚，做自己想做的事情。方法之于问题，正如风帆之于航船，只有找对了方法，你才能驾驭问题的船，顺利航行，到达成功的彼岸。因此，作为机关干部，特别是中央国家机关干部，要想干出一番事业，造福一方百姓，就必须千方百计找到恰当的方法，努力解决好日常工作中遇到的每一个问题。

## 一、端正态度

在机关工作，无论是处理政务、办理事务还是搞好服务，无论是办文、办会还是办事，都有解决的方法，关键是我们对待问题的态度和心中的信念。

### 机关工作"十戒"

端正机关工作态度，要做到"十戒"。一戒做事给领导看，二戒阳奉阴违，三戒上推下卸，四戒心浮气躁，五戒挑拨离间，六戒拈轻怕重，七戒沽名钓誉，八戒见风使舵，九戒阿谀奉承，十戒唯我独尊。

在机关工作中，因态度不同，结果就可能完全相反。比如，请示写得不好、安排会议出现纰漏等，平庸的机关干部不是主动去找方法解决问题，多向领导和同事学习，而是千方百计找借口回避问题、躲避问题或者推卸责任，有的狂妄自大，干脆不承认问题的存在。而优秀的机关干部则是把问题当成机遇，积极向领导和同事请教，寻找解决问题的方法，在问题中发掘成功的契机。所以，一个机关干部，特别是中央国家机关干部，无论处于何种位置，从事哪种职业，应对何种局面，都要以极大的热情，积极主动地解决自己所面临的问题。在此过程中，尽自己最大的努力寻找方法，从而求得发展，这是基本的行事准则。

1948年，牛津大学举办了一个"成功秘诀"的讲座，邀请丘吉尔首相前来演讲。当时，他刚刚带领英国人赢得了反法西斯战争的胜利，在国内外享有极高的权威和荣誉，大家对他的到来翘首以盼，都想洗耳恭听这位伟人的成功秘诀。没想到，丘吉尔的演讲只有短短的几句话："我成功的秘诀有三个：第一是，决不放弃；第二是，决不、决不放弃；第三是，决不、决不、决不放弃！我的演讲结束了。"可见，决不放弃、积极地想办法克服困难是制胜之本，努力地坚定工作信念是制胜之源。要实现在机关工作的奋斗目标，每个人都有自己的优势和条件，当然也会遇到这样或那样的问题和困难。要有咬定青山不放松的气概，多想干成事的办法、少找干不成事的理由，强化事业心、增强使命感，以藐视困难、战胜困难的大无畏精神，以积极进取、开拓创新的顽强意志，以永不自满、勇争一流的精神风貌，努力奋斗，只有这样，才能实现自己的人生理想，为机关工作的跨越式发展作出贡献。

## 二、抖擞精神

俗话说：只要精神不滑坡，办法总比困难多。浙江人创业，有四个"千万"的精神，那就是，走过千山万水、说尽千言万语、排除千难万险、历尽千辛万苦，总要把事情办好。特别是他们"白天当老板，晚上睡地板，睡着地板琢磨明天怎样当大老板"的精神，以及"晚上当成白天干，雨天当成晴天干，假日当成平日干，两个人的事情一个人干，两天的事情一天干……"的实干作风，值得每个机关干部认真学习和效仿。一流机关干部的核心精神要素是：当遇到问题和困难的时候，总是能积极主动地去找方法解决，而不是找借口回避责任，找理由为失败辩解。

在机关工作，具有什么样的精神状态和行为品格，不仅决定其工作的得失，也决定其人生的成败。

## 三、寻找突破

通往成功的办法就是找方法，关键在"找"，成败在"做"，标志在"行动"。美国哲学家威廉·詹姆斯在《生命的意义》中说，

"纯粹的理想是生命中最廉价的东西……最不值一提的感伤主义者、梦想者、醉汉、逃避责任者和拙劣的诗人，从不表露丝毫的努力、勇气和耐心，或许他们会有最丰富的理想"。

找方法，关键要找到突破口。机关工作头绪多、情况复杂，千变万化，要善于在纷繁复杂的矛盾面前找到主要矛盾，在主要矛盾的内部找到制约问题的关键层面和关切点。一般说来，寻找问题的突破口、找到解决问题的办法，重点要从以下几方面入手：

一是"关键点"。关键点往往决定事物发生、发展、变化的全局，在具体工作中，要找准哪些点、哪些环节、哪些岗位、哪些时间和人员是至关重要的，"关键点"抓住了，就能"纲举目张"。比如，办文方面，有些同志特别擅长写领导讲话稿，不擅长写向上级报送的《工作简报》，但本单位领导恰恰又特别看重《工作简报》，所以，为全面发展，就要在这个关键点上下功夫。

二是"薄弱点"。一个链条有10个链环，其中9个链环都能承受100公斤拉力，唯独有一个链环的承受拉力只有10公斤，那么这个链条总体能承受的拉力只能是10公斤。所以，找问题就要善于找到这一薄弱环节。

三是"盲点"。盲点就是我们日常工作容易忽视但又十分重要的方面。从盲点入手解决问题，寻找方法，就是要到机关工作中容易忽视的点、岗位、部门、工序、人员、时间等方面，去发现问题，或者防止问题的发生。比如，在保密管理方面，新来的大学生特别要注意不能在接入互联网的计算机上处理机关工作，在内网和外网上交叉使用移动存储介质,在这个问题上,很多人不以为意,就是典型失泄密的"盲点"。

四是"特点"。特点,就是异乎寻常的地方,不同于一般常规的方面。特点或者异常现象可以提供新的机遇,昭示新的发展动态,或者引发创新,带来变革;也可能引发灾难,带来无法弥补的损失,所以,要引起格外关注。

五是"结合点"。上下级之间、家庭与工作单位之间、前后程序之间、单位与外部环境之间、计划的两个环节之间,都属于两个事物的连接部位,即结合点。由于结合点部位是信息的集散地、矛盾的集中地,最容易出现问题,也容易引起人们的广泛关注,所以,要下功夫做好。毛泽东同志在1955年10月11日《农业合作化的一场辩论和当前的阶级斗争》中,对于在突破口中寻找解决问题的方法,给了我们很大的启示。

**毛泽东关于加强领导方法的建议**

要不犯错误,就要注意工作方法,加强领导。有几项关于加强领导方法的建议,看是不是可行。这就是我们大家都在做的,一年开几次会,或者大会或者小会,解决当前发生的问题。如果有问题,就要从个别汇总看出普遍性,不要把所有的麻雀统统捉来解剖,然后才证明"麻雀虽小,肝胆俱全"。从来科学家都不是这么干的。只要有几个合作社搞清楚了，就可以作出适当的结论。除了开会的方法外，还有打电报、打电话、出去巡视这些方法，也是很重要的领导方法。另外，各省要选择恰当的人，办好刊物，改善刊物，迅速交流经验。再一点建议，是不是请你们试试看。我用十一天的工夫，看了一百二十几篇报告，包括改文章、写按语在内，我就"周游列国"，比孔夫子走得宽，云南、新疆一概"走"到了。你们每个省、每个自治区是不是可以一年或者半年编一本书，每个县搞一篇，使得各县的经验能够交流，这对迅速推广合作化运动有好处。还有一个方法就是发简报。县委对地委、地委对省委、区党委，省委、区党委对中央，都要有简报，报告合作社进度如何，发生了什么问题。各级领导接到这样的简报，掌握了情况，有问题就有办法处置了。这是关于几个领导方法的建议，请各位同志考虑。①

## 熟练运用十种普适性工作方法

　　从本质上讲，行政管理是一个不断创新的过程，社会前进每一步都是创新的结果。积极想办法，不断理出新思路、发现新目标、实现新突破，是在机关工作中站稳脚跟、谋取发展、开创局面的根

---

① 《毛泽东选集》第五卷，人民出版社1977年版，第206页。

本途径，而熟练地运用普遍适用性工作方法，是实现上述愿望的重要手段。机关工作的普适性工作方法很多，比如"弹钢琴""解剖麻雀""牵牛鼻子""种试验田""一般号召与个别指导相结合"等。较常用的有以下十种方法。

## 一、总揽全局，见微知著

该方法的精髓在于用全局的观点看问题，善于在微观中看到宏观，在局部中看到整体，在现象中看到本质，在细枝末节中看到事物的发展方向。机关干部由于岗位职责的限制和对本机关、本部门工作情况的不熟悉，容易囿于"一管"之见，只从本部门、本处室角度看问题。比如，在经费预算问题上，由于对行业发展动态和行业管理现状不了解，特别是缺乏行业管理部门出台的实物定额标准，财政部门人员在编制和审核部门预算特别是项目经费预算过程中，就容易出现机械地"卡""删""减""调"等情况。在缺乏对行业发展规划的整体推进和事业发展全局的谋划的情况下，一味地强调压缩经费，把国家确定本来应该足额投入的资金沉淀下来，或者挪作他用，久而久之，就会阻碍该行业的发展。网络舆情十分关注的我国机关运行成本和经费问题，就是典型的例子。由于政府收支分类科目中，没有独立的"机关运行经费"科目设置，更缺乏各级机关事务管理部门出台的办公用房、公务用车、办公家具和设备等实物定额标准，管理体制不顺，经费来源渠道多样，再加上各部门预算相互独立，无法比对和参照，造成全国各级机关运行经费不断膨胀，其根本原因就是财政部门缺乏对机关运行的整体理解和把握，又不注意充分发挥机关事务管理等行业主管部门的作用。所以，在这种行为模式中，耽误的不仅是一两个部门的具体业务，从长远来看，是制约了国家科教、文化和政府自身建设等工作的开展。但从方法论的角度看，这些同志主要是囿于从局部看问题、想事情，从部门利益和局部思维考虑问题，没有从国家治理能力和治理体系现代化的高度思考政府自身建设的问题，跳不出思维定式和固化模式，没有从新的层次和高度谋划全局工作，也就无法取得好的工作效果。

## 毛泽东谈局部需要服从全局的道理

共产党员在领导群众同敌人作斗争的时候，必须有照顾全局，照顾多数及和同盟者一道工作的观点。共产党员必须懂得以局部需要服从全局需要这个道理。如果某项意见在局部的情形看来是可行的，而在全局的情形看来是不可行的，就应以局部服从全局。反之也是一样，在局部的情形看来是不可行的，而在全局的情形看来是可行的，也应以局部服从全局。这就是照顾全局的观点。共产党员决不可脱离群众的多数，置多数人的情况于不顾，而率领少数先进队伍单独冒进；必须注意组织先进分子和广大群众之间的密切联系。这就是照顾多数的观点。①

"照顾多数"的观点，本质上要求我们在机关工作中总揽全局，具有国际视野和战略眼光，能从国家和民族发展的大局看问题，从国家治理能力和治理体系现代化的高度想问题，从行业的规范化发展中谋思路，从建设廉洁、务实、高效政府的目标中寻找答案。在日常工作中，善于从具体的事情中看到背后的本质和特点，善于从零散杂乱的现象中找到规律和趋向，善于在细微的变化中洞察未来走势，这样，才能保证本单位、本部门的工作高站位、高起点和高水平。

### 邓小平方法论简论

邓小平作为党的领袖，一个最重要的特点，就是胸襟开阔，洞察大局，把握方向，抓住根本。他既有顾全大局的观念，又有纵观大局的眼界，还有把握大局的能力。他决不为复杂的现象所迷惑，也不会在眼前的小事上纠缠，总是比别人站得高些，看得远些，能从大局出发进行战略思考，能从大局出发提出战略举措，从而领导全党和全国人民防危御险，克服困难，胜利前进。邓小平从全局着眼的一个突出表现，就是把中国看作世界的一部分，站在全球的高

---

① 《毛泽东选集》第五卷，人民出版社1977年版，第491页。

度看中国。他每逢提出一项重大决策，总是先分析国际形势，然后解析中国的现实和要求，并把二者结合起来作为决策的客观根据。他站在当今时代的高度，从和平与发展的主题出发，论证了把发展经济放在国家发展的中心地位；同样，我军建设的战略性转变，也是以这个时代特征为根据的。邓小平从全局着眼，把发展生产力作为根本任务，"把经济搞上去"看作大局。全国各条战线，只能维护这个大局，顺从这个大局，在这个大局下行动，决不允许干扰这个大局，妨碍这个大局，否则就要铸成大错。①

## 二、有所为有所不为

《论语·泰伯》里说："子曰：不在其位，不谋其政。"意思是说，你在什么位置，要做好本分，不要越俎代庖，超越你的职权去做不该做的事情。老子《道德经》也说："为学日益，为道日损，损之又损，以至于无为，无为而无不为。"凡事要有所取舍，有所不为，才能有所作为，这是亘古未变的道理。一方面，"有所不为"是为了扬长避短，积蓄精力，更有利于"有所为"，正如列宁所说的"为了更好地一跃而后退"。另一方面，"有所为"还是为了"有所不为"，根据自己的特长和优势，服从并服务于"有所不为"，从而取得积极的工作成效。"有所为"与"有所不为"二者相互制约、相

---

① 侯树栋：《邓小平方法论简论》，载《求是》2001年第15期，节选。

互影响、相互作用，是辩证的统一，既不能相互替代，也不能加以分割。在机关工作中，哪些该"为"、哪些该"不为"，哪些该"先为"、哪些该"后为"，哪些该"快为"、哪些该"慢为"，哪些该"重为"、哪些该"轻为"，不能凭自己的主观臆断，必须根据具体情况做判断，拿对策，方能在机关工作中做到"世事洞明，人情练达"。

### 毛泽东谈"有所不为而后可以有为"

没有红军改编，红色区域的改制，暴动政策的取消，就不能实现全国的抗日战争。让了前者就得了后者，消极的步骤达到积极的目的。"为了更好地一跃而后退"，正是列宁主义。把让步看成纯粹消极的东西，不是马克思列宁主义所许可的。纯消极的让步是有过的，那就是第二国际的劳资合作论，把一个阶级一个革命都让掉了。中国前有陈独秀，后有张国焘，都是投降主义者；我们应该大大地反对投降主义。我们的让步、退守、防御或停顿，不论是向同盟者或向敌人，都是当作整个革命政策的一部分看的，是联系于总的革命路线而当作不可缺少的一环看的，是当作曲线运动的一个片段看的。一句话，是积极的。①

---

① 《毛泽东选集》第二卷，人民出版社1977年版，第503页。

当前,机关工作质量效益不高,从一定意义上说,不是没有"为",也不是"为"得太少,而是"为"得太多。有的领导干部工作不讲层次、大包大揽,管了一些不该管也管不好的事;有的事无巨细、亲力亲为,工作重点不突出;有的总担心下级对上级的指示领会不好、贯彻不力,不断开会、发文、派工作组,甚至亲自操刀作业,干了别人该干的事情,但工作效果却不好。在处理机关工作的有所为、有所不为的问题上,还要特别警惕当前出现的一种现象,那就是"装"。

### "装"的问题值得警惕

当前,干部作风总体上是好的,但仍存在一些突出问题。譬如,"装"的问题值得高度警惕。

"装"的表现林林总总,不一而足。"装积极"。有的对上级会议或者领导要求,秒传达、秒表态、秒汇报,仿佛越极端,就越积极。"装学"。有的在理论学习上滥竽充数,看书看皮、看报看题,不懂装懂,热衷于在学习上做样子、装门面。"装干"。有的接到上级布置的工作任务,事情还没有做,就先有一份厚厚的报告。有的看见上级督导组或者检查组下来,捧出一大摞表格,有任务、有情况、有进度、有考核,看起来像模像样,其实都是画在纸上、填在表里、念在口中,就是不落实到行动上。"装改"。有的抓整改,避实就虚、避重就轻，只找别人问题不找自己问题，只找下级问题不找自身问题，只找业务上的问题不找思想上的问题，只找表面问题不找深刻问题。

"装"的问题原因是多方面的。一是趋利。有的人为了展示个人虚假的鲜亮面，以博得组织和领导的好感，从而捞取个人好处。二是避害。有的人怕得罪领导而被"穿小鞋"、得罪同事而丢选票，信奉好汉不吃眼前亏。为了给领导和同事留下好印象，只好选择"装"。三是跟风。有的人自认为别人都在"装"，自己如果不"装"，就会显得另类、不合时宜、不懂事，甚至吃了亏。四是苟安。有的人不思进取、不在状态，为了保位子、求安稳，以"装"蒙混过关。

"装"违背了初心使命，与党的性质宗旨格格不入，与党的作风纪律背道而驰。解决"装"的问题，关键要抓好以下几点。

把牢"定海神针"。干部作风中存在"装"的问题，归根结底是信仰不坚定。信仰是党员干部作风的"定海神针"。要坚持不懈地用习近平新时代中国特色社会主义思想武装头脑，坚定共产主义远大理想和中国特色社会主义共同理想，坚持实事求是，增强党性修养，补足精神之"钙"，弘扬新风正气，引领时代风尚。

稳住"定盘星"。坚持"信念坚定、为民服务、勤政务实、敢于担当、清正廉洁"选人用人标准，是精准识人、选人，解决"装"的问题的"定盘星"。要根据不同地区、不同部门和不同单位的实际情况，完善和细化好干部标准的要素、内容和结构，特别是要完善干部测评体系和政绩考核体系，把原则性要求和具体性标准结合起来，确保识准人、用对人。

常念"紧箍咒"。刹住"装"的歪风，必须切实加强党的政治纪律和政治规矩教育，持之以恒贯彻落实中央八项规定精神和关于刹住"四风"有关要求，严肃党内政治生活，做到警钟长鸣。

在机关工作，坚持层次领导，认真履行职责范围内的义务，才能有所为、有所不为。古人说：为治有体，上下不可相侵。意思是说，无论官职大小，都要按照管理层级和工作秩序，各司其职、按级负责，不揽权也不越权，做到"有所不为"，才能真正地做到"有所为"。

坚持层级负责，才能有所为。机关工作分工细致，各科室之间、各司局之间，以及科室司局内部，各有各的分工和任务，各级干好各级的事情是一个基本准则。如果处长、科长越级指挥，包揽过多，不但会造成工作交叉、层次重叠、效率低下，久而久之，还会弱化处、科的功能，影响同事工作积极性和创造性的发挥。因此，在国家机关工作中，必须区分层次。对属于本级职责的事情要尽力而为，对属于下级管辖的事情要敢于放手放权，充分发挥下级的主动性和积极性，形成各司其职、高效有序的工作局面。

抓住工作重点，才能有所为。机关工作任务有轻重，干部职工精力有限度，不抓住工作重点，事无巨细都抓都管，领导很忙，同志们也很忙，效果却不一定理想。一些机关干部之所以出现这样的情况，症结就在于不分主次轻重，眉毛胡子一把抓。做到有所不为，必须分得清主次，抓得住重点。既要有一年抓几件大事、做几件大事的气魄，更要有几年抓一件难事、推动一件难事的韧劲，始终把时间精力向重点和难点工作倾斜，以重点难点工作带动整体工作的突破，才是优秀的机关干部应该做的。

克服形式主义，才能有所为。形式主义的要害是图虚名、轻实效。做到有所不为，一事当前，不要只想着做加法，动不动就想开会、发文、搞活动、派工作组、到地方调研，而应该从实际效果出发做减法，仔细想一想这个会不开行不行，这个活动不搞行不行，这个文电不发行不行，这个工作组不派行不行，这个应酬不搞行不行。真正做到能不开的会坚决不开，能不搞的活动坚决减掉，能不发的文电坚决卡住，能不派的工作组坚决不派，能不去的应酬坚决不去，既减轻基层负担，保证基层有足够的时间精力抓落实，又保证把宝贵的时间精力用在谋思路、出主意、见成效这样的实事上，才能真正做好工作。

消除私心杂念，才能有所为。在机关工作，该干的事情、职责范围内的事情，要使劲干；不该干的事情、职责范围外的事情，特别是领导没有明确指示的事情，不要抢着干，既要到位，也不要越位。毛泽东同志曾经说过："我们不能四面出击。四面出击，全国紧张，很不好。我们绝不可树敌太多，必须在一个方面有所让步，有所缓和，集中力量向另一方面进攻。"[①]现在机关里有些人说话、办

---

① 《毛泽东选集》第五卷，人民出版社1977年版，第24页。

事私心太重，见利就抢，无利就逃，拈轻怕重，挑肥拣瘦，总想着干这件事情能不能接触大领导，领导会不会赏识，有什么好处，是否有助于提拔，等等，久而久之，必然遭到大家的唾弃。

## 三、大处着眼小处着手

从哲学的角度来说，"大处"与"小处"是两个相对的概念。"大处"指包含多个组成部分、元素、点或多种特殊形态、多个发展阶段在内的一个有机整体，其内涵与一般、整体、全局、普遍、系统基本相通。"小处"指复杂事物、系统中的某一个部分、一个要素或事物、系统在其发展过程中某一阶段上的特殊形态，现实生活中我们常说的个别、特殊、样本、试验田、切入点、难点、疑点、热点、重点、中心点等，都是"小处"的具体表现。"大处"和"小处"作为矛盾的统一体，是一种相辅相成、相依相存，既对立又统一的关系。俗话说，不谋全局者，不足以谋一域；不谋万世者，不足以谋一时。凡事从"大处着眼"，要求我们能迅速捕捉那些群众关心、领导重视、事关大局的问题。凡事从"小处着手"，要求我们能沉下心俯下身，从解决点的小问题入手，牵住牛鼻子，用典型引导思路，促进热点问题的解决和事业的顺利发展。

作为机关干部，凡事做到"从大处着眼"，关键要明白思路决定出路，出路决定活路的道理，凡事要高站位、高起点、高要求，纵览全局，科学发展，这样才能保证自己的工作思路对头、方法选择适当、任务完成顺畅。

做到"从大处着眼",首先,要做到高站位、高起点。国家机关作为履行党中央、国务院决策部署的职能部门,广大机关干部作为具体的行政行为主体,必须时刻把握世情、国情、党情、局情,自觉服务服从把握新发展阶段、贯彻新发展理念、构建新发展格局这个主题,找准定位、主动对接。落到实处,谋划工作思路要以此为出发点,重点在两个方面深入思考:一是深入思考社会发展的总体目标战略和本部门、本单位的中心任务;二是深入思考领导关心、关注的工作重点。在此基础上,设计和谋划自己的工作思路,这样才能保证自己的工作高起点、高站位。

其次,要做到高标准高要求。领导安排的工作、布置的任务,有其一定的标准和要求,对此,主要做到两点。一是把握要求。吃透上头,把上级精神具体化;吃透外头,把外部门经验本地化;吃透下头,把干部职工和人民群众的诉求条理化。既要善于用"放大镜"看清上情、用"望远镜"观察外情,还要用"显微镜"摸清下情,确保自己的工作目标明确,任务具体。二是严格标准。领导没有标准就是最高的标准,只有始终树立这种心态,凡事精益求精,不浅尝辄止,始终杜绝马虎和侥幸心理,自己的工作才能让领导满意。

做到"从小处着手",就是要在明确工作思路、确定具体目标的基础上,把事情做细、做实、做到位。任何理想和思路,只有明确具体的行动,才能真正落地。"从小处着手"具体来讲,关键要做到以下几点。

一是抓精细。"天下之事，必作于细。""合抱之木，生于毫末；九层之台，起于垒土。"这些都说明了细节的重要性，落实到机关工作中就要提倡精细化的标准和重视细节的态度。要用每一个工作环节的高标准，保证整体工作的高水平，推进机关工作的创新。

二是抓具体。工作思路再宏大，也都是由一个个具体目标、措施、步骤和程序组成的，只有具体抓、抓具体，最终才能达到目标，取得预期效果。要坚持量化、细化、实化的原则，发扬"一竿子插到底"的作风，对待任何工作，不仅明确完成时限，还要确定具体的责任和工作标准，保证以具体促深入，通过抓具体完成既定的目标任务。

三是抓典型。典型的宽度体现工作的广度，典型的深度体现工作的力度。抓典型既要注重培养，又要注重总结和宣传推广。不注重培养，典型群体就会成为无源之水；而不注重总结和宣传推广，典型也就难以升华提高。抓典型既要注重数量，力求百花齐放；又要注重质量，力求抓出有分量、质量高的典型，扩大社会影响力。

四是抓责任。动力来源于压力，压力来源于责任。抓落实必须明确责任，明确考评和奖惩。责任是落实工作的尚方宝剑，责任不落实，工作就难以落实。责任有来自领导的，也有来自工作本身的。作为机关干部，把小处的责任落实到位，就是把大处的思路落实到位。而抓责任的关键，就是要把外在的压力转化为内在的动力，这样，才能保证工作的高效率。

## 四、具体问题具体分析

具体问题具体分析，就是指要分析矛盾的特殊性，根据不同的矛盾，采取不同的解决办法。具体问题具体分析是马克思主义活的灵魂。毛泽东同志在领导中国革命和建设的过程中，总是把马克思主义基本原理与中国具体情况相结合，对中国的现状、历史做出各方面的分析，根据分析制定解决矛盾的办法，确定总的路线、方针、政策和措施。

具体问题具体分析，要求我们在国家机关工作中注意一般与个别相结合，普遍与特殊相衔接。任何任务，如果没有一般的普遍号召，就不能动员广大群众行动起来。但如果只限于一般号召，而领导人员没有具体地直接地从若干组织中将所号召的工作深入实施，突破一点，取得经验，然后利用这种经验去指导其他单位，就无法验证自己提出的一般号召是否正确，也无法充实一般号召的内容，就有使一般号召落空的危险。一般与个别相结合，就是要善于"解剖麻雀"，善于"种试验田"。"解剖麻雀"与"种试验田"，讲的就是抓典型，即抓反映共性、代表共性的个性，抓反映普遍性、代表普遍性的个性。邓小平同志抓改革开放就十分重视抓典型，比如，抓农村联产承包责任制，首先抓了安徽小岗村；抓对外开放，首先抓了深圳，一下子就牵动了改革开放的全局。典型有正反两个方向，正面典型反映正向普遍性要求，反面典型反映负向普遍性问题。善用两类典型，对全局会有较大的牵动。抓典型的对立面是工作一般化、上下一般粗，只讲普遍性不讲特殊性，最终难以取得以点带面、牵动全局的效果。

作为一名机关干部，不仅要学会分析矛盾，而且要学会处理矛盾，分析矛盾时必须具体问题具体分析，处理矛盾时也要做到具体问题具体处理。分析、比较是认识自己、了解别人的重要方法。有比较才能知长短、见优劣、辨方向。比较，不仅要纵向比，而且要横向比；不仅要经常比、反复比，而且要多方面比、多角度比。

## 写讲话稿的几点注意事项

同样都是给领导写讲话稿，但最终的效果不一样，有的得到领导的赏识和表扬，甚至因此发生了职场的重大转折，被提拔重用；有的受到领导的批评与斥责，造成固化的印象，从此一蹶不振。为什么有这样大的差别？不外乎有这样几种原因：一是对领导不了解。不了解领导的说话习惯，行事风格，也不了解领导的文风。或者以这个领导的文风替代那个领导的文风，以这个领导的习惯代替那个领导的习惯，没有具体分析和具体甄别，事前也害怕或者疏忽与领导沟通文稿的基本结构和主要内容，盲人摸象，闷着头瞎猜。二是对情况不了解。机关工作行业差别很大，同一个机关、同一个处室，其业务的差别也可能很大，这就决定了不能用一般的普遍性的东西套个别的特殊性的东西。或者说，用一般去推测个别，用普遍去推导特殊。特别是对业务工作不熟悉、对具体情况不了解的机关干部更容易出现这类问题。三是对尺度不了解。什么才是好的领导讲话稿，一个部门一个尺度，一个单位一个标准，一个领导一个要求，此所谓"文无定法"，但是作为一篇好的文章和讲话稿，总是有一些共同的标准，比如结构新颖、内容深入、语言质朴、逻辑清晰、言简意赅、落地有声、打动人心。让人聆听的时候感觉言之有理，传达的时候感觉身临其境，贯彻的时候感觉余音绕梁，落实的时候感觉铿锵有力。而不是一般的泛泛而论，只有一般的道理，没有深入的情况，理论和实践两张皮。

## 五、"走马观花"与"下马观花"

1956年9月，毛泽东同志在接见拉美国家的一些党代表时说：调查有两种方法，一种是走马观花，一种是下马观花。走马观花，不深入，因为有那么多的花嘛。你们从拉丁美洲到亚洲来，是走马看花的。你们国家有那么多的花，看一看望一望就走，这是很不够的，还必须用第二种方法，就是下马观花，过细看花，分析一朵花，解剖一个"麻雀"。[①]

"走马观花"的方法，是了解事物面上情况、掌握总体情况的

---

① 《毛泽东选集》第五卷，人民出版社1977年版，第308页。

一般方法。毛泽东同志提出，做领导工作，要了解和掌握一般的情况，必须搞好面上的调查研究。"走马观花"，正是一种做面上粗略调查以了解一般情况的调查方法。这种方法，包括领导者亲自到群众中走一走、看一看的直接调查，也包括在很短的时间内研究各地送来的书面报告和统计数字的间接调查。"走马观花"可以在较短的时间内了解全局的轮廓，及时掌握总体情况，做到"心中有数"。这种方法对于掌握全局、担负领导工作的高级机关干部来讲，是十分必要的。但由于"走马观花"只适合了解和掌握一般的情况，不适合掌握具体复杂的情况，特别是不适合年轻机关干部掌握事情真相，寻找解决办法，因此，仍然需要变"走马观花"为"下马观花"。

在理论上，毛泽东同志对"下马观花"的概念是有清醒认识的。他认为，"下"就是深入基层，"观"就是我们去调查去研究。"下"是"观"的前提，"观"是"下"的目的，应该先"下"后"观"，为"观"而"下"。具体而言，毛泽东同志"下马观花"的工作方法有以下途径：一是开展实地考察。毛泽东同志十分推崇实地考察，因为实地考察能获得较为可靠的第一手资料，还能得到丰富的感性认识，从而为得出理性认识提供前提和保障。《湖南农民运动考察报告》就是1927年他在湖南农村做了32天的实地考察后写成的。二是开调查会。这是毛泽东同志大力倡导、使用最多且富有成效的方法之一。毛泽东同志曾说："开调查会，是最简单易行又最忠实可靠的方法，我用这个方法得了很大的益处，这是比什么大学都要高明的学校。"[1]土地革命时期,毛泽东同志在江西所做的《寻乌调查》《兴国调查》等就是利用开调查会这种形式得到的丰硕成果。毛泽东同志同时强调,在开调查会之前必须要对被调查的对象进行实地考察,方能最大限度地获取第一手资料。三是个别访问。毛泽东同志进行实地考察和开调查会的目的是认识中国社会,以便制定正确的革命政策和策略,而作为党的领导人,要了解群众疾苦、解决群众的具体问题,也要经常运用个别访问的调研方法。1947年,他在转战途中来到陕北佳县的谭家坪,住在老乡家里,亲自对十多户群众进行个别拜访,当发现有的群众缺粮时,毛泽东同志立即派人安排好群众的生活。

### "下马观花"的几个方法

国家机关工作"下马观花"的方法很多,常用的主要有:1.打电话或发信函。对一些疑点较小或把握不准的问题,可通过打电话或发函的方式,请对方协助调查解决。2.实地调查。即亲自到问题的源发地,找到当事人,拿到第一手材料,掌握最原始的情况,绝不可以靠"二传手"提供的情况,做半截子调查。3.复核资料。对一些明显不符的统计数字,可通过召开有关人员的座谈会,充分听

---

[1] 《毛泽东选集》第三卷,人民出版社1991年版,第790页。

取各方面意见，而后加以研究，从中得出正确结论。4.抽样调查。对一些普遍性问题，可以通过抽样调查的方式，验证已经取得的结果，使问题得到解决。

"下马观花"是机关解决问题的有效方法，在具体操作中，要注意以下几个问题：

第一，要亲自操作。只有这样，才能解除原有疑点或改变原有观点。如委托他人调查，自己还是没掌握到第一手材料，几乎等于没有调查。在这个问题上，毛泽东同志就特别坚决反对道听途说、马虎应付，而大力提倡"亲自出马"做直接调查。他曾说："凡担负领导工作的同志，一定都要亲身从事社会经济的实际调查，不能单靠书面报告，因为二者是两回事……，而且要自己做记录，把调查的结果记下来，假手于人是不行的。"①

第二，要深入一线。深入业务第一线，深入基层，和群众做面对面的交流，才能掌握第一手材料。毛泽东同志认为调查研究既是认识中国社会基本情况，又是了解群众需要和向群众学习的根本途径。他认为要使对方说真话，"主要的一点是要和群众做朋友，而不是去做侦探，使人家讨厌"。"要在谈话过程中和做朋友的过程中，给他们一些时间摸索你的心，逐渐地让他们能够了解你的真意，把你当作好朋友看，然后才能调查出真情况来。群众不讲真话，不怪

---

① 《毛泽东选集》第二卷，人民出版社1991年版，第383页。

群众，只怪自己。"

第三，要甘当小学生。有没有当"小学生"的精神是调查能否深入、能否掌握第一手材料的关键，也是调查方法能否保持正确的先决条件。毛泽东同志在《〈农村调查〉的序言和跋》中明确指出，"要做这件事，第一是眼睛向下，不要只是昂首望天。没有眼睛向下的兴趣和决心，是一辈子也不会真正懂得中国的事情的"①。眼睛向下，深入群众之中，甘当群众的小学生是毛泽东做好调查研究的根本态度和途径，因为人民群众的实践是认识的源泉，是历史进步的动力源。机关干部，只有抱着做小学生的态度，才能了解机关的实际情况，掌握第一手资料。

第四，要不带框框。掌握真实情况，不带框框，也不先入为主，本着兼听则明的原则，使结论产生于调查和"观花"之后，这是得到实际情况的唯一方法，也是机关工作中透过现象看到本质，通过个别看到一般的最常用的方法。无论对人、对事，还是对领导、对同事，如果带框框看人和做事，就容易走偏，甚至走向反面。在业务工作中，特别是涉及公共政策制定、投资决策安排、干部调整使用、政府集中采购、资产经费利用等关键领域和敏感事项，更需要有"下马观花"的精神，不戴有色眼镜，不带框框，不带先验图式和标本，否则，就容易犯官僚主义和形式主义错误。

---

① 《毛泽东选集》第二卷，人民出版社1991年版，第291页。

## 六、"非此即彼"和"亦此亦彼"

我们既要明白"非此即彼""是就是,不是就是不是,除此以外,一切都是鬼话"这样一个道理;同时还要看到"亦此亦彼"的"是可能是不是,不是可能反而是,除此以外,一切皆有可能"这样一个结论。辩证法大师黑格尔曾经精辟地指出,独断论坚持着严格的非此即彼的方式。与严格的"非此即彼"的形而上学的思维方式相反,恩格斯指出,辩证的思维方法同样不知道什么严格的界限,不知道什么普遍绝对有效的"非此即彼",它使固定的形而上学的差异相互转移,除了"非此即彼",又在恰当的地方承认"亦此亦彼",并使对立通过中介相联系。

独断论的"非此即彼"形而上学思维方式在一些机关干部的头脑中几乎沉淀为一种固化的思维定式。这种思维定式在实际工作中主要表现为种种片面性:

其一,僵化的思维习惯。看人看事,一棍子打死,没有发展变化和运动的眼光。情绪化色彩浓厚,只要自己认定的道理和认准的人和物,好就一好到底,差就永远差到彼岸。特别是有些资历和职位较高的机关干部,容易犯这种错误。

其二,"一刀切"的工作方法。即在贯彻执行中央的方针政策和上级的指示时,不看具体条件如何,而是用行政命令的办法,搞唯一标准、唯一模式。这是在处理普遍性与特殊性、共性与个性关系上表现出来的片面性。

其三，固化的工作模式。在工作中搞非此即彼、顾此失彼，即在分析和解决矛盾时，只注意矛盾的此方，而忽视了与它对立统一的彼方。碰了壁之后，转而又强调原先被忽视的彼方，把此方忘记了，造成非此即彼、顾此失彼，犯了从一个极端跳到另一个极端的错误。

其四，永不改变的是非标准。是非当然有标准，但任何标准都是在特定的社会文化和历史背景中产生的，不可能是一成不变的。比如，关于机关干部的离婚再婚问题，特别是年轻机关干部的婚恋问题，就不能用老观点看问题，动不动扣上"陈世美"的帽子。作为机关的领导和同事，在这些问题上，要用发展的眼光看问题。

机关干部要掌握"非此即彼"和"亦此亦彼"相统一的辩证工作方法，坚持用全面的观点看问题、办事情。有此必有彼。此是什么，有时亲眼所见，有时道听途说；彼是什么，有时明，有时暗，有时若明若暗，都要求我们要下功夫寻找，不仅要研究此、研究彼，也要研究彼此之间的关系，这是最常用的方法。

毛泽东同志指出，我们必须学会全面地看问题，不但要看到事物的正面，也要看到它的反面。在一定条件下，坏的东西可以引出好的结果，好的东西也可以引出坏的结果。老子在两千多年以前就说过："祸兮福所倚，福兮祸所伏。"比如，对于机关干部的培养与使用问题，早在抗日战争时期，毛泽东同志就指出了善于爱护干部的"非此即彼"和"亦此亦彼"相统一的方法，也就是既要马儿跑又要马儿吃草的方法,工作中既要相信和放手让他们干事,又不求全责备、想方设法关心帮助他们的工作和生活。

### 毛泽东谈爱护干部的办法

必须善于爱护干部。爱护的办法是:第一,指导他们。这就是让他们放手工作,使他们敢于负责;同时,又适时地给以指示,使他们能在党的政治路线下发挥其创造性。第二,提高他们。这就是给予学习的机会,教育他们,使他们在理论上在工作能力上提高一步。第三,检查他们的工作,帮助他们总结经验,发扬成绩,纠正错误。有委托而无检查,及至犯了严重的错误,方才加以注意,不是爱护干部的办法。第四,对于犯错误的干部,一般也应采取说服的方法,帮助他们改正错误。只有对犯了严重错误而又不接受指导的人们,才应当采取斗争的方法。在这里,耐心是必要的;轻易地给人们戴上"机会主义"的大帽子,轻易地采用"开展斗争"的方法,是不对的。第五,照顾他们的困难。干部有疾病、生活、家庭等项困难问题者,必须在可能限度范围内用心给以照顾。这些就是爱护干部的方法。①

---

① 《毛泽东选集》第五卷,人民出版社1977年版,第493—494页。

### 七、重点论和两点论相结合

"重点论"是说,任何事物或事物的方面,总是有决定该事物发展变化的核心要素和关键点,对待该事物或者处理好该事情,首先要抓住核心要素和关键点。"两点论"是说,对待该事物或处理好该事情,除了抓住核心与要点外,还不能忽视与之对立的方面和要素,否则,不仅解决不了问题,还有可能带来更多的问题。

在机关工作中,总会遇到许多的矛盾和问题,在分析和解决这些矛盾和问题时,要注意抓住居支配地位、起主导作用的主要矛盾,把握决定性环节,坚持重点论和两点论相结合的方法。一方面要坚持重点论,即每个时期都会有中心工作,要善于抓住这些工作,不能主次不分,平均使用力量。一般而言,领导关心和着急的问题,往往是这一阶段的中心工作。对待中心工作,要有运动发展的观点,工作重点转移了,力量的组织配置也要相应转移。另一方面又要注意矛盾次要方面的配合,坚持两点论,既要搞好中心工作,又必须做好其他工作。比如,思想政治教育和心理疏导工作,是做好业务工作的前提。机关工作中,大多数部门往往强调给年轻同志压担子、给任务、提要求,希望这些同志能在最短的时间内成为业务骨干,这种心情和做法是可以理解的;但是,新来同志的衣食住行问题、婚丧嫁娶问题以及心理波动问题,同样也要给予关心和关注,所以,业务工作和思想工作要一起抓,工作问题和生活问题要一起管。当前,生活工作的压力越来越大,广大机关干部心理不健康和亚健康的人数呈上升趋势，特别是近年来一些年轻公务员得抑郁症的问题，必须引起我们的高度重视。

对于已经是领导的机关干部，在运用重点论和两点论相结合的办法时，还是要按照毛泽东同志所说的那样来办。

**毛泽东谈"中心工作"**

在任何一个地区内，不能同时有许多中心工作，在一定时间内只能有一个中心工作；辅以别的第二位、第三位的工作。因此，一个地区的总负责人，必须考虑到该处的斗争历史和斗争环境，将各项工作摆在适当的位置；而不是自己全无计划，只按上级指示来一件做一件，形成很多的"中心工作"和凌乱无序的状态。上级机关也不要不分轻重缓急地指定下级机关同时做很多项工作，以致引起下级在工作步骤上的凌乱，而得不到确定的结果。领导人员依照每一具体地区的历史条件和环境条件，统筹全局，正确地决定每一时期的工作重心和工作秩序，并把这种决定坚决地贯彻下去，务必得到一定的结果，这是一种领导艺术。这也是在运用领导和群众相结合、一般和个别相结合这些原则时，必须加以解决的领导方法问题。①

---

① 《毛泽东选集》第三卷，人民出版社1977年版，第856页。

作为机关干部，在处理日常工作中，可能在一个时间段内要完成很多工作，有的是处长布置的，有的是科长布置的，有的是兄弟单位要求协助办理的，还有的可能是部长直接交代下来的，这就要求我们采取重点论和两点论相结合的办法，灵活机智地处理这些矛盾和问题，做到游刃有余。

在一个时间段有很多的工作要完成，怎么办？其方法如下：

一是按时间要求办。一般来说，领导在安排工作、分配任务时，一般会提出完成的时间要求，有的领导工作比较细，还会提出阶段性时间要求。作为年轻干部，唯一要做的就是创造条件，加班加点，在规定的时间内完成任务，最好打提前量。不能和领导讨价还价完成任务的时间，更不能在规定的时间内完不成工作任务。

二是按紧急程度办。即做到急事急办。不管是什么事，无论是哪级领导安排的事，只要事情紧急，就是这一阶段的工作重点，就要毫不犹豫地放下其他工作，紧急办理。比如，你正在做一个项目的跟踪调查，但领导突然要你起草一份紧急请示，你必须二话不说，抓紧办理。

三是按级别高低办。即做到特事特办。对于领导布置的工作，特别是高级别领导交代的任务，要抓紧时间办理。比如分管副处长已经给你安排了工作，结果处长又给你另外派了活，正确的做法是，创造条件欣然接受，不能因为手头有其他工作而拒绝领导的安排，或者拖延办理。一般来说，领导安排的工作，特别是大领导安排的工作，无论紧急程度如何，都要尽快办理。

四是按重要程度办。任何工作都有重要与次要之分，有些工作可能事关重大，有些工作可能无伤大体。作为年轻干部，在办理过程中，要注意分析和甄别，不能把小事当成大事办，更不能把大事等同于小事办，背道而驰、弄巧成拙，结果不尽如人意。重要不重要，要学会观察、分析、判断和询问，特别是要根据领导的要求，如期办理。

五是按关系远近办。作为年轻干部，在同一时间段内，可能要接受多项任务，办理多项工作，有些与本部门职责较近，有些较远，甚至有些是兄弟单位委托的工作。处理的原则，应当是先办理本部门的，后办理委托的，先办理本单位领导交办的，后办理其他领导托付的，不能"种了别人的田，荒了自己的地"，分不清主次、高低和远近。

## 八、原则性与灵活性相统一

谈原则性与灵活性的问题，首先要明确原则与策略的问题。原则是指观察问题、处理问题的准绳，是分析和解决问题的根本立场和出发点。策略是指计策谋略，是为了实现一定历史时期内的全局性方针任务而采取的手段。原则是由国家、政党一定历史时期的战略任务决定的，具有相对稳定性，这就要求人们分析和解决问题时必须坚持原则的坚定性。策略作为实现目的的手段，必须随着形势和条件的变化而变化，这就要求人们分析和解决问题时又必须具有灵活性。策略的灵活性不是放弃和背离原则，模糊立场，回避矛盾，而是以坚持原则性为前提，以对原则精神的遵循和把握为基础。离开了对原则的遵循与把握，灵活性就成为盲目性和随意性。原则虽然具有普遍的适用性，但要使它真正落到实处得到遵循，离不开具体的方法手段。处理和解决问题的方法手段不能从想当然出发，必须从客观实际出发，制定具体的政策方法，做到因地制宜、因时制宜，这就是策略的灵活性。

在机关做任何工作，都要坚持原则性与灵活性相统一。原则性是由事业的方向、目标决定的，失去原则性，就失去了大方向和总目标，即使工作取得一点成绩也没有意义。灵活性是由事业的复杂性、艰巨性和曲折性决定的，许多事情人们无法预料，也不可能按照人们设计好的方向发展，这种情况下必须随时调整思路，改变对策，灵活应对，确保原则性要求得以有效贯彻，使大目标得以实现。机关干部在机关工作，要时刻牢记原则性体现政治性、政策性，必须紧紧把握原则性。但同时，还要注意把握灵活性。只要原则性，不顾灵活性，是机械式的干部、教条式的干部，这样的干部不"聪明"，也不"灵活"，更无法应对复杂的局面。

在原则性与灵活性的关系问题上，存在着割裂两者之间关系的两种错误倾向。一种是以坚持原则性为借口而否认灵活性。具体表现是，指导思想上的教条主义、执行上级指示的盲目性、具体工作中规章制度制定和执行中的机械性等。这种人原则性有余而灵活性不足，要么固执己见，要么死守教条；要么偏执地凡事请示汇报，要么凡事都不吭气。比如当前的新冠肺炎疫情防控工作，有的城市和地区曲解中央政策，盲目搞"一刀切"。对于盲目执行上级指示的现象，毛泽东同志也曾经进行过尖锐的批评，他说："盲目地表面上完全无异议地执行上级的指示，这不是真正在执行上级的指示，这是反对上级指示或者对上级怠工的最妙方法。"

另一种错误倾向是只讲灵活性，不讲原则性。正所谓"上有政策下有对策"，凡事"灵活变通"，等等。这种错误倾向实质上是不讲大局，不讲整体，以本地区本部门的局部利益损害国家的整体利益，以个人的"小我"代替单位或者国家的"大我"。通常的表现是，你说你的，我做我的。表面上干着公家的，实质上干着个人的，阳奉阴违，见风使舵。比如，某机关严格规定，凡公务接待一律按照"四菜一汤"的标准办理。但接待人员在工作过程中开动脑筋，把四菜变换成了四大盘，每个盘又进行分区，成为四个菜，结果一桌下来，实际上有16个菜。

所以，在机关工作，坚持原则性和灵活性相结合，就必须掌握规律，按规定的程序办事。具体过程中，要了解和熟悉所办事情的状况、规律和需要遵循的原则以及程序，这样才能把事情办好，否则就事倍功半，甚至办不成事情。对于难度较大且事关重大的工作，必须周密地做好实施方案和各种预案，并有时间和进度要求。同时，又要做最坏的打算，准备各种补救措施，使结果不至于太差。还要懂得尊重和服从领导，团结同志，关心别人，善于开动脑筋，善于汇报和沟通，争取理解和支持。

## 九、定量和定性相结合

定性方法，就是对事物质的方面进行分析与研究。辩证唯物主义认为，事物的质是区别于其他事物的内在规定性。一事物区别于其他事物，就在于它的质的规定性。事物的质是由事物内部或外部所具有的各种矛盾决定的，并且通过它与其他事物之间的区别表现出来。定性方法就是运用归纳和演绎、分析与综合以及抽象与概括等方法，对获得的各种材料进行加工，去粗取精、去伪存真、由此及彼、由表及里，达到认识事物本质、揭示内在规律的目的。比较常用的定性方法包括访谈、集体讨论、专家咨询、问卷调查、标杆分析、总结与计划等。定性方法经常被用于对事物相互作用的研究中，重点解决研究对象"有没有"或者"是不是"的问题。

定量方法，就是对事物量的方面进行分析与研究。事物的量是事物存在和发展的规模、程度、速度以及构成事物的共同成分在空间上的排列，是事物可以用数量表示的规定性。定量方法着重对事物的量的规定性进行分析和把握，不局限于具体的数学统计和运算，还包括进一步的定量分析，以便从量的关系上认识事物发展变化的规律，做出更为精确的科学说明。比较常用的定量方法包括概率技术、情景分析、压力测试、敏感性分析等。

就东西方思维模式的差异而言，几千年来，我们比较重视定性的综合性思维,而西方则比较重视定量的分析性思维;就东西方行政管理的区别而言,千百年来,我国政府管理往往偏重定性的分析,而西方国家政府则注重定量的研究,十分注意采用计量经济学的方法分析社会和经济生活,制定公共政策。所以,在国家机关,由于机关干部代表各级政府履行经济调节、市场监管、社会管理、公共服务和环境保护等职能,既要为人民群众提供优质高效的服务,又要及时把握政治、经济、社会、文化以及生态文明建设等诸多方面的情况和数据,在此基础上整理工作思路,制定发展规划,落实工作计划,涉及大量的数据和性质分析。因此,要求各级机关干部在提思路、作决策、定措施的过程中,既要有质的要求,又要有量的规定,同时还要进行定性和定量的分析,只有把定量和定性分析结合起来,才能得出科学的结论。当前,政府机关开展的机关干部考核就是一个典型的例子。

### 如何正确把握干部考察中定性与定量的关系

人事部门开展的机关干部考核考察,只有坚持定性与定量相结合,才能全面把握干部的全面情况,增强考核结果的准确性和公信度。一般可分为三步:

第一步,开展全面的定性分析。在考核考察中,经常会遇到这样一种情况,对某一被考核者,他的上级的评价不同于他的下级的评价，他同级的评价不同于他的上级或下级的评价。在评价不一致，甚至截然相反的情况下，究竟以谁的意见作为认识干部的主要依据，必须作全面的定性分析。第一，应该是把大多数群众的评价和意见当作认识干部的主要依据。这样才能体现群众路线。第二，应该按照直接证据证明效力强于间接证据证明效力的原则，以和被考察者接触最多、最直接的对象和评价意见为基本依据。第三，要进行去伪存真的理性分析，特别注意把握考察中介的不同心态，以此判定评价的可信度。把握考察中介的心理状态，可以从两个方面入手：一是要善于观察考察中介的言行，从考察中介的言行中来分析判断考察中介的心理状态；二是考察中注意从一些考察中介那里获得有关另一些考察中介与被考察者之间相互关系的信息，通过分析考察中介与被考察者的关系来把握考察中介的心理状态。如某一考察中介在谈论情况时，涉及其他考察中介与被考察者的关系，某人与被考察者关系好，某人为某事与被考察者吵过架，对被考察者有什么成见，等等。通过对考察中介心理状态的分析，就可以较好地判别其评价的客观程度。第四，要进行客观分析。即不同的考察中介所反映的情况，能否相互印证，能够相互印证的一般可以作为评价依据，不能被印证的一般不能作为评价的依据，可以作为参考。总之，在考察中，既不能依据少数领导的个人评价意见来定性，也不能依据少数不健康心理的考察中介的评价意见来定性，而要进行全面的综合分析，按照干部的标准和原则，根据多数干部职工的评价意见来定性。

第二步，进行科学的定量分析。当前，在机关干部考核与考察中，随着考察方法的不断完善，对干部实行定量考核的办法逐渐增多，主要有考试、面试、测评等，其中应用比较普遍的是民主测评，即对干部的德、能、勤、绩、廉等素质要素，分为好、较好、一般和差四个等次，让参与测评者画钩。最后汇总测评得票情况。这种测评由于评价标准比较模糊，测评的结果以票数来表示，而不是用分值来表示，因此还没有做到真正的量化。其缺点是不同单位、不同人数的测评结果之间很难比较，这在差额考察中体现得更加明显。如甲、乙两人同时被列为某一职位的差额考察人选，甲所在单位共50人参加测评，乙所在单位共70人参加测评，测评情况不一样，结果也就不一样。

第三步，坚持定量与定性分析相结合。单纯的定量分析或单纯的定性分析都很难做到客观、全面、准确地评价干部，必须坚持定性与定量分析相结合。比如民主测评，由于人数多的部门和人数少的部门在民主测评中，每张票所占的比重不同，如一个只有10名干部和一个有30名干部参加的测评，同样得不称职票是4票，前者的不称职票所占比重为40%，而后者的比重只有13.3%。要对考察情况作全面分析，既要进行定量分析，同时也要进行定性分析。一是对测评情况要作全面的分析，除了要看到不称职票外，还要分析优秀票和基本称职票的数量。测评中一般会出现下列四种情况：①不称职票和优秀票都比较高，即通常所说的两头突出的一类，这类干部往往是比较有个性，敢闯敢冒的，也是最有争议的干部。对这类干部组织上要认真分析，正确把握，有的属于工作方法不当得罪了一些人，有的因为经验不足，工作有失误，组织上要为他们撑腰，并加强教育和引导，用其所长，不能因为敢于得罪人，测评时不称职票相对较高而简单地予以否定。②不称职票和优秀票都少，但称职票多，即通常所说的两头小中间突出的一类，这类干部往往是四平八稳，工作守摊子，是平庸的干部，不能重用。③优秀票很多，不称职票极少，这类干部一般为难得的优秀干部，应当予以重用。④不称职票很高，优秀票极少，这类干部在正常情况下，一般为不称职干部。二是要把测评结果与谈话等其他途径收集到的信息一起作综合分析。如果从个别谈话等途径了解到的信息综合起来对干部的评价都比较一致，说明该干部是不错的，反之，如果从个别谈话等其他途径收集到的信息，综合起来对干部的评价是否定的，说明该干部是不称职的。总之，既要重视测评的得票情况，但又不能简单地以票取人。要把测评结果与谈话情况结合起来进行综合分析。三是要注意对不同单位的风气和干部整体素质状况进行分析，由于受各种不良风气的影响，如有的部门认为自己单位的干部能得到提拔，是一种荣誉，在考察时就有意拔高；而有的单位的干部由于妒忌等不良心理，在测评时，就有意贬低；有的单位由于干部整体素质低，在评价干部时参照的标准就低，有的单位干部整体素质高，在评价时参照的标准就高。因此，除了对不同单位的风气进行分析外，对所在单位干部整体素质高低也要作分析比较，这样才能准确地判定干部的优劣，正确识别干部，做到科学地选人、用人，为组织选择合适的人。①

## 十、个人智慧和专家力量相统一

2018年《国务院工作规则》规定，国务院及各部门要完善行政决策程序规则，把公众参与、专家论证、风险评估、合法性审查和集体讨论决定作为重大决策的法定程序，增强公共政策制定透明度和公众参与度。国民经济和社会发展计划及国家预算，重大规划，宏观调控和改革开放的重大政策措施，国家和社会管理重要事务、法律议案和行政法规等，由国务院全体会议或国务院常务会议讨论和决定。国务院各部门提请国务院研究决定的重大事项，都必须经过深入调查研究，并进行合法性、必要性、科学性、可行性和可控性评估论证；涉及相关部门的，应当充分协商；涉及地方的，应当事先征求意见；涉及重大公共利益和公众权益、容易引发社会稳定问题的，要进行社会稳定风险评估，并采取听证会等多种形式听取各方面意见。在重大决策执行过程中，要跟踪决策的实施情况，了解利益相关方和社会公众对决策实施的意见和建议，全面评估决策执行效果，及时调整完善。国务院在作出重大决策前，根据需要通过多种方式，直接听取民主党派、社会团体、专家学者、社会公众

---

① 衢州市衢江区委组织部课题组：《如何正确把握干部考察中定性与定量的关系》。

等方面的意见和建议。

《国务院工作规则》为什么做出这样的规定？道理很明显。其一，任何国家机关，从事的都是某一行业的行政管理工作；每个机关干部，履行的都是某一行业的行政管理责任。行业不同，专业需求也就不同，行业与行业之间、专业与专业之间，差别很大，要求也不一样。其二，在行业管理内部，亦即机关内部，除办公室、人事、党建、纪检、工青团妇等综合部门外，其他如发展改革、财政预算、基建投资、土地管理、航空管制、精密仪器、尖端科学等业务部门，专业差异巨大，跨专业和跨部门轮岗的可能性也就比较小。其三，每个机关干部，特别是专业部门的机关干部，虽然具备该部门、该学科管理需要的知识，但这些知识大部分是基础性知识，并且随着时间推移，在高校所学的知识会逐渐更新和迭代。其四，从根本上讲，我们每个机关干部，充其量是该管理领域的通才，不是专才。因此，在从事该领域的管理、改革过程中，只有在充分发挥个人智慧，同时又借助专家力量的前提下，才能确保我们的工作思路正确、工作方案科学、工作措施完整、工作结果满意。

一般而言，专家是在某一领域有专深研究并具有专门知识的人。在国家机关工作，无论是开展课题研究、方案论证、成果评定、重要决策以及重大专项技术测评等，无疑都要请专家参与，但是，请什么样的专家参与、什么时候请专家参与、请专家以后让他参与什么等，都要求我们深思熟虑，小心谨慎。选择专家，要注意以下几点。

首先，要有实际的能力，能把握学术研究和行业发展的最前沿，了解理论与实践的联系和区别。指导工作实践的专家，不能从概念到概念、从理论到理论，从教条出发来剪裁实践，更不能漠视或者无视实践。

其次，要有负责任的态度。专家不能天马行空、不着边际地提出所谓全新的理念。在实践结果没有出来以前，谁也不能保证一定会怎样，专家只能提出建议。例如，如果有如此这般条件，经过如此这般的步骤，克服如此这般的困难，可能会达到这样的结果，到底自己的观点是否正确，需要由实践来检验。

再次，要有科学的精神。既然是专家，说明在某一方面有研究和造诣。实践无止境，研究也无止境，专家应该清楚自己能做什么，不能做什么。把能做的做好、做深入；对于暂时还不能做或根本做不到的事情，应当保持沉默。

最后，要有较好的修养。专家除了要有谦虚、谨慎、负责任的科学态度外，还必须要有高尚的人格和修养，不为权所撼，不为名所动，不为利所左，敢于坚持真理，反对谬误，以国家利益为重。这样的专家才能在机关的研究、论证、决策过程中发挥真正的作用。

工作实践中，我们会遇到诸多的"专家不专"甚至"专家刁钻"的问题，比如，在政府采购领域，财政部门建设的专家库，由于对资格条件、行业需求、专业素质、品德修养甚至世界观、价值观和人生观等把关不严，不少专家混入专家库，其个人素质、评审表现、内在诉求和个人修养不尽如人意，甚至有些专家与供应商沆瀣一气，搞围标串标，搞假编标、假评标、假中标。这些问题值得我们高度关注，改革专家入库管理、加强专家履职管理已成为当前的一项重要而紧迫的任务。

# 积极探索八类专业性工作方法

以上介绍的十种普适性工作方法，基本上是从哲学和形而上的层面，研究和探讨机关工作中普遍适用的方法问题。这些方法，对任何行业和岗位的机关干部都用得上。世界万物，纷繁复杂，有多少种思考问题的角度和方式，就有多少种解决问题的方法。随着新兴学科的不断发展，特别是现代管理学和云计算、大数据、物联网、人工智能等高新技术的广泛运用，专业和专门性方法越来越多。这里介绍的，是机关工作中常用的八类专业性方法。

## 一、系统方法

系统方法是21世纪自然科学方法论研究取得的重大成果之一，是系统理论为现代科学研究提供的一种崭新的、卓有成效的科学方法。系统方法在工业、农业、交通运输、军事、科研、文教以及社会管理等领域的应用及成效，引起了国内外学术界的普遍关注和重视。20世纪60年代以来，国外系统理论研究发展迅速，出现了"系统研究的高潮"。我国关于系统理论和系统方法的研究蓬勃发展，特别是20世纪90年代，钱学森发展了系统学和开放的复杂巨系统方法论，从社会形态和开放复杂巨系统的高度，论述了社会系统，主张和推动社会经济系统、政治系统和意识系统的社会系统工程建设，对我国各行业的改革与发展产生了积极影响。

所谓系统方法，就是根据客观事物的系统特性认识事物、研究问题的一种方法。即从系统的观点出发，着眼于系统与要素、要素与要素、系统与外部环境之间的联系，综合而精确地掌握系统本质及其运动规律的方法。这种方法是以对系统的基本认识为依据，应用系统科学、系统思维、系统理论、系统工程与系统分析等方法，把对象作为系统进行定量化、模型化和择优化研究。其根本特征是从系统的整体出发，把分析与综合、分解与协调、定性与定量结合起来，精确处理部分与整体的辩证关系，科学把握系统的结构与功能，从而达到整体优化。在具体过程中，系统方法把对象当作一个整体来对待，着重研究整体功能，注重从物质、能量和信息三个方面来认识和控制系统运动，使系统达到最佳状态。在思维方式上，系统方法把综合作为出发点和归宿点，并把分析和综合贯穿于过程的始终，这正是系统方法在科学思维方式上的重大突破。

系统方法与传统方法有比较大的区别。在传统方法中，确定目标主要依靠经验判断和逻辑分析，实现目标主要靠观察、实验、假说和论证等。而系统方法则把确定目标和实现目标有机统一起来，它首先通过摆明问题、系统综合、逐项分析、制定方案等步骤，为确定目标提供可靠的依据；然后，通过程序设计、具体规划、措施选择以及研究、生产、安装和运行等阶段实现既定目标。传统方法总是把对象分成若干部分，在分析的基础上进行综合，以简单分解和相加的观点来说明整体的性能，认为局部性能好，整体性能也自然好；局部性能不好，整体性能也自然不好。这种方法对于人口控制、粮食危机和能源短缺、生态平衡、环境保护等一系列复杂对象而言，就显得无能为力。系统方法有诸多原则，但最主要的有以下四个方面：

第一，整体性原则。要求人们从系统的整体出发来研究部分，通过对部分的研究来体现系统整体。作为系统方法的基本原则，整体性原则要求人们在研究系统时，要从整体出发，并以整体为归宿，把握整体构成和整体运动的规律，当人们在改善系统某个要素的性能时，一定要考察它对系统整体性能的影响。也就是说，改善系统某个要素，首先要考虑是否有利于系统整体性能的改善。否则，就不能轻举妄动。

第二，相关性原则。就是从系统的要素与要素、要素与系统以及系统与环境之间的相互关系来研究和把握系统的特征。一般系统论创立者贝塔朗菲认为，系统是"处在一定相关联系中与环境发生关系的各组成部分的整体"。这就是说，系统之所以成为一个整体，是由相互依赖和相互作用的若干部分结合而成的。这种结合使作为系统的整体具有各组成部分所不具有的特定的功能。系统的要素与要素、要素与系统以及系统与环境之间的相互关系，就是系统相关性，而事物的新质及其规律只存在于这种相关性中，只有在相关性中，我们才能找到系统的本质与特点。

第三，层次性原则。就是从系统的层次、等级来考察对象并依此解决问题的原则。任何系统都是多层次、多等级的有机结构。把握事物的系统，要弄清它的系统等级、系统层次，明确是在什么等级、什么层次上研究某个问题。一般来说，对于某一特定系统的研究，要在由低级到高级、由简单到复杂的系统层次等级序列中进行。不同层次的系统具有不同的性质，遵守不同的运动规律。高层次系统的性质和规律不等于低层次系统功能和规律的简单相加。所以，我们在把握系统时，既要防止"一刀切"、简单化，又要善于发现不同层次的同质性和形式一致性，正确处理各系统层次、等级的特殊性和不同层次、等级的同质性，把两者有机结合起来。

第四，优化原则。系统的优化原则是指系统在一定条件下达到的最优状态或结构的原则。系统整体优化是真正的最优，离开整体的部分最优，不能代表整体的优化。当然，整体优化是相对于特定的条件和目标而言的，凡是大的系统一般都是多目标、多功能的复杂系统，在这种情况下，要选择一种绝对的、对所有指标都最优的控制系统，一般是不可能的。只能相对于特定条件和目标，选出最优化方案，并不断加以改进，增强系统调节能力，系统在动态平衡中才能达到最优。

系统方法在国家机关工作中的运用，大体需要采用以下步骤：

一是制定本部门、本单位工作系统所要达到的总目标，即确定目标；二是为实现系统的总目标拟订若干实施方案，即拟订具体工作方案；三是对拟订的各种方案选择几个地区或者领域进行试点，即模拟实验；四是总结几个地区和领域的试点经验，从模拟比较中选择最佳工作方案，即择优；五是依据选定的最佳方案，大面积推广和运用这种方案，确定系统的结构组成及其相互关系，最后解决问题。下面是系统方法在意识形态工作中的运用，值得我们一读。

**坚持系统观念，开创意识形态工作新局面**

意识形态作为一定社会经济、政治的反映，是以系统化、理论化的形式出现的"观念的上层建筑"，是构成一个社会思想文化的中枢和民族精神信仰的载体，对于扩大政治认同、规范社会行为和促进国家治理具有极其重要的作用。"十四五"规划《建议》明确把"坚持系统观念"作为"十四五"时期我国经济社会发展必须遵循的五项原则之一，要求我们必须"加强前瞻性思考、全局性谋划、战略性布局、整体性推进，统筹国内国际两个大局，办好发展安全两件大事，坚持全国一盘棋，更好发挥中央、地方和各方面积极性，着力固根基、扬优势、补短板、强弱项，注重防范化解重大风险挑战，实现发展质量、结构、规模、速度、效益、安全相统一"。党的十九届六中全会通过的《中共中央关于党的百年奋斗重大成就和历史经验的决议》,更是系统全面总结了百年来特别是党的十八大以来党的意识形态工作的成就与经验,强调必须"牢牢掌握意识形态工作领导权,建设具有强大凝聚力和引领力的社会主义意识形态"。这既为我们从系统总体的角度分析和解决意识形态问题,进一步增强做好新时代意识形态工作的政治自觉、思想自觉指明了具体方向,又为坚持马克思主义在意识形态领域指导地位根本制度、开创意识形态工作新局面提供了方法遵循,具有十分重要的意义。

坚持系统观念是从整体上把握意识形态内涵的科学方法。系统观念就是运用系统思维分析事物的本质和内在联系,从整体上把握事物发展规律的具有根本性和基础性的思想和工作方法,也是马克思主义提供给我们的一种科学思维方法。意识形态工作作为党的一项极端重要的工作,它承担着举旗帜、聚民心、育新人、展形象的使命任务,能否建立具有强大凝聚力、战斗力的社会主义意识形态,形成有中国特色的社会主义意识形态话语体系,直接关系到国家的前途命运和民族的兴衰成败。要做好意识形态工作,我们首先要回答什么是意识形态?如何科学地把握意识形态的本质内涵?只有坚持系统观念,自觉地坚持和运用辩证唯物主义世界观和方法论,我们才能科学把握意识形态的内涵,从历史背景、学术语境以及政治实践的角度揭示出意识形态概念的内在矛盾、基本特征,澄清意识形态领域的各种错误观点;才能深化对意识形态批判性及其相对独立性的认识,确立一种研究意识形态问题的整体性视角,即"批判性"与"功能性"相结合的视角,为增强社会主义意识形态的凝聚力和战斗力提供理论支撑；才能拓展当代中国马克思主义意识形态理论研究的视野，把握国外关于意识形态理论研究的最新动向和整合一切有价值的文化成果，进一步增强马克思主义引领和整合多元化意识形态资源的能力；才能更好地辨明意识形态领域中的学术观点问题、思想认识问题与政治原则问题的界限，实现意识形态的知识与价值、工具理性与价值理性、理论与实践的统一。这是开创意识形态工作新局面的逻辑起点和方法指导。

坚持系统观念是应对当前国内外错误思潮挑战的现实需要。当今时代，世界多极化、经济全球化、文化多样化、社会信息化深入发展，国内外环境深刻变化，给我国意识形态工作的开展既带来了一系列新机遇，也带来了一系列新挑战。这就要求我们要坚持系统观念，辩证认识和把握国内外大势，加强系统性、总体性研究谋划，做好较长时间应对国内外环境变化的思想准备和工作准备。从国际看，当今世界正在经历百年未有之大变局，新一轮的科技革命和产业调整深入推进，人类命运共同体理念深入人心，解决全球性问题的思想共识日渐形成。但同时，国际环境错综复杂，各种思想文化的交融、交流、交锋更加频繁，意识形态领域的斗争更加尖锐，西方国家凭借其经济、科技、军事以及话语传播优势正在加紧对我国实施西化和分化的图谋，极力鼓吹"意识形态终结论""西方文明优越论"等。从国内看，我国进入新发展阶段，治理效能进一步提升，意识形态根本制度优势进一步显现。但同时，社会思想观念和价值取向日趋活跃，各种社会思潮、思想观点纷然杂陈、相互激荡。对此，习近平总书记指出，"思想舆论领域大致有红色、黑色、灰色'三个地带'。红色地带是我们的主阵地，一定要守住；黑色地带主要是负面的东西，要敢于亮剑，大大压缩其地盘；灰色地带要大张旗鼓争取，使其转化为红色地带"。这充分体现了认识意识形态问题不能以点概面，仅仅守住一面、关注一面，或者仅仅关注局部、缺乏国际视野，而是要系统全面地来看待事物发展的本质和内在联系，在碰撞、交锋与融合中不断提升社会主义意识形态的功能性价值。

坚持系统观念是正确处理经济建设与意识形态工作关系的基本原则。长期以来，在我国思想领域，在对经济建设与意识形态工作关系的理解上一直存在一些错误倾向：有人认为意识形态工作是革命战争年代的事情，在社会主义现代化建设时期已经过时了，看不到当前意识形态领域斗争的复杂性和尖锐性；有人认为意识形态工作完全是虚无缥缈的、不可捉摸的，只有搞好经济建设才是最有用的工作，看不到意识形态工作的重要性和必要性；还有一些人认为意识形态工作是统率一切的，完全将思想认识问题、学术争鸣问题、经济利益问题政治化，看不到意识形态工作与经济建设的共生性和协同性等。这些论调不仅干扰了意识形态工作，威胁到党和国家的意识形态安全，而且严重影响到经济社会健康有序地发展。从根本上说，就是缺乏系统观念和全局谋划意识，没有处理好经济建设与意识形态工作的关系，没有在围绕中心、服务大局中找到意识形态工作的坐标。实际上，马克思、恩格斯早已揭示出意识形态与经济基础之间的辩证关系，明确强调唯物史观既不是一种"经济决定论"，也不是一种"意识形态决定论"，要求我们必须科学、辩证地看待两者之间的关系。习近平总书记明确指出，经济建设是党的中心工作，意识形态工作是党的一项极端重要的工作。这一论述既强调了经济建设在党的各项工作中的中心地位，也指出了意识形态工作的极端重要性，充分体现了中国共产党人坚持发展地而不是静止地、系统地而不是零散地、普遍联系地而不是单一孤立地观察事物，妥善处理各种关系的能力。如果没有全方位开创性的发展成就，没有广大人民群众生活的不断改善，中国特色社会主义制度的优越性就是空谈，最终意识形态工作也难以取得好的实效。因此，意识形态工作的开展必须坚持系统观念，把"中心地位论"和"战略地位论"统筹起来，这样才能服务于中华民族伟大复兴的战略全局，为中国共产党治国理政提供深厚的思想基础和精神动力。

坚持系统观念是彰显意识形态领域根本制度显著优势的内在要求。党的十九届四中全会对中国特色社会主义制度体系进行了系统的勾勒，第一次把坚持马克思主义在意识形态领域的指导地位作为一项根本制度明确提出来。那么如何更好地彰显这一根本制度的显著优势，坚持系统性、整体性的观念势在必行。一方面，中国特色社会主义制度体系是一个系统性的范畴，我们只有把意识形态这一根本制度置于中国特色社会主义制度体系之中，正确处理好根本制度、基本制度、重要制度之间的关系，强调不同位阶制度之间的协调性，才能真正找到意识形态工作的切入点、聚焦点和着力点。如果只强调意识形态根本制度的极端重要性，而忽视其与中国共产党根本领导制度、人民代表大会根本政治制度的协同性、耦合性，就无法体现党性与人民性的内在统一；同样，如果只强调意识形态根本制度在文化建设过程中的决定性和统领性，而忽视重要制度的衔接和文化领域具体制度的配套，其制度优势和效能也无法真正体现。另一方面，意识形态根本制度的贯彻与执行也是一项系统性的工程，需要各个部分在政策取向和实施过程上协调推进、相互配合、相互促进。比如，如何阐释清楚马克思主义的科学性与意识形态的阶级性；如何推动全面贯彻落实习近平新时代中国特色社会主义思想；如何把马克思主义指导地位贯穿到文化建设各方面；如何深入实施马克思主义理论研究和建设工程；如何加强和改进学校思想政治教育，深化大中小思政课一体化建设；如何落实意识形态工作责任制，做到守土有责、守土负责、守土尽责；如何正确区分政治原则问题、思想认识问题、学术观点问题，克服"泛政治化"与"去意识形态化"的倾向；如何坚持以立为本、立破并举，发扬斗争精神，旗帜鲜明反对和抵制各种错误观点；等等。这些问题的解决直接关系到能否贯彻和执行意识形态这一根本制度，因为有时关键部分的功能及其变化会对整体功能的发挥起到决定作用，反过来，整体性系统功能的彰显也是诸多内部要素相互联系、相互影响、相互促进的结果。

由此可见，只有坚持系统观念，才能抓住正确理解意识形态整体性问题的方法，才能对相互影响、相互促进的意识形态诸要素及其结构和功能进行系统性认识,才能发挥意识形态工作在舆论宣传、思想动员、社会控制以及为全面建设社会主义现代化国家凝聚力量等方面的作用,意识形态工作的新局面也才会最终形成。①

## 二、工作分析法

"工作分析"产生于19世纪末的美国,随着生产技术变革和企业扩张,传统经验化管理模式与先进生产力的矛盾日益尖锐,由费雷德里索·泰勒等人倡导的"科学管理运动"在美国迅速发展,工作分析、工作研究的技术方法得以广泛采用。20世纪60年代末,工作分析在美国企业以及行业协会、政府、军队、大学管理实践中已经得到普遍应用,发达国家把工作分析方法作为现代人力资源管理的基石。

所谓工作分析,是指对某项工作的特性以及与该项工作有关的事项进行分析并收集有关资料,阐明工作任务、职责以及任职条件等内容,作为人员聘任、职位评价、绩效评估、职级设计以及薪资结构设计的基础。工作分析是管理的基础性工作,具体包括两个方面:一是准确描述工作的内容和本质,如工作性质、范围、难易程度、工作程序、使用的工具资料及所负担的责任等;二是分析并确

---

① 史小宁:《坚持系统观念,开创意识形态工作新局面》,2022年3月11日,光明网。

定从事这项工作的人应该具备的知识、技能、经验、资历、能力、素质等。构建一种工作分析方法的基本步骤为：从某一观察角度抽象出所有工作都具有的共同工作分析要素；将每一个工作要素进行分级，由此形成一个供分析使用的工作分析矩阵或曰坐标系；将一个工作按照共同的工作要素分解后，对应到某一分级，于是所有工作在第二步确定的工作分析矩阵中被唯一确定；根据具体用途对工作分析得到的数据进行整理、分析。由于不同的研究者设计工作分析方法时所提取的工作分析要素分级数量不同，于是出现不同的工作分析方法。代表性的方法有：功能工作分析法、最低特性分析法、职位分析问卷、任务清单法、职业分析目录法等。

从全局意义来看，工作分析方法，不仅适用于人力资源管理领域，在机关工作的各层面和各领域，也是一个普遍适用的方法。

从工作分析的6个导向来看，工作分析是一个完成职位描述调查分析的过程，其核心是识别重要的工作行为并将工作分类，根据工作分类，更好地配置人力资源和组织力量，达到顺利完成工作任务的目的。这6个导向分别是：任务导向分析——回答工作做什么；行为导向分析——回答工作要如何做；个人导向分析——回答任职条件是什么；目标导向分析——回答工作绩效是什么；条件导向分析——回答工作环境是什么；责任导向分析——回答工作责任是什么。

从具体结构来看，工作分析方法经常用到的技术方法主要有这么几类：第一，问卷调查法。问卷设计是一项非常专业的工作，必须将需要获得的信息转化为简单明确的问题。问卷法的最大优点是规范化、数量化，适用于计算机对结果进行统计分析。但它不适用于了解被调查对象的态度和动机等深层次信息。第二，观察法。指对工作实况做现场观察并记录有关工作情况。在运用观察项目表时，须事先对该项工作有所了解。这样，制定的观察项目表才比较实用。第三，面谈法。通过面谈并记录员工对工作及职责的看法。面谈可以通过召开座谈会的方式进行。第四，工作日志法。通过工作日志了解员工及其职位的工作情况。如果记录详细，那么经常会提示一些其他方法无法获得或者观察不到的细节。第五，关键事件法。是由熟悉工作的专家找出工作中对绩效有重大影响的关键事件和行为。关键事件法是一种常用的行为定向方法，既能获得有关职务的静态信息，也可以了解职务的动态特点。

在工作分析方法的运用上，最值得提及的事例就是党政机关公务用车制度改革。大家都知道，该项制度改革，牵一发发而动全身。早在1998年有关部门就起草了《中央党政机关公务用车制度改革方案》，但因对公务用车改革的工作特性、复杂程度以及相关外部条件估计严重不足而未能印发落实。党的十八大以来，相关改革取得了实质性进展。2014年7月，中共中央办公厅、国务院办公厅印发了《中央和国家机关公务用车制度改革方案》，该方案贯彻落实党的十八大和十八届三中全会精神以及《党政机关厉行节约反对浪费条例》，对推进中央和国家机关公务用车制度改革进行了科学分析、系统谋划和缜密安排，有力地推动了改革工作有效开展。该方案有以下几个特点：一是在总体目标上，围绕建设节约型、廉洁型机关的要求，坚持社会化、市场化方向，转变传统的公务用车运行管理方式，合理有效配置公务用车资源，创新公务交通分类提供方式，实现公务出行便捷合理、交通费用节约可控、车辆管理规范透明、监管问责科学有效，为全国公务用车制度改革作出示范。二是在工作原则上，坚持制度创新、保障公务出行。改革公务用车实物供给方式，取消一般公务用车，普通公务出行方式由公务人员自行选择，实行社会化提供并适度补贴交通费用，从严配备定向化保障的公务用车。坚持统筹兼顾、注重政策配套。综合考虑各种因素，正确处理改革涉及的各方面利益关系，科学制定改革方案和相关配套政策，增强可行性和协调性，确保新旧机制有效转换。坚持统一部署、分类分步推进。率先推进中央和国家机关及其所属参公事业单位公务用车制度改革，驻地方的中央垂直管理单位公务用车制度改革按照属地化原则推进，中央和国家机关所属非参公事业单位、中央企业和中央金融企业参照本方案制定相关改革政策，坚持先易后难，分类分步稳妥推进改革。三是在参改范围上，明确机构范围是，中央纪委机关和中央各部门，全国人大机关，国务院各部门，全国政协机关，最高人民法院，最高人民检察院，各人民团体、群众团体，各民主党派中央、全国工商联，中央和国家机关所属参公事业单位。人员范围是，在编在岗的司局级及以下工作人员，部级及以上人员暂不参加。车辆范围是，取消一般公务用车，保留必要的机要通信、应急、特种专业技术用车和符合规定的一线执法执勤岗位车辆及其他车辆。四是在改革方式上，对参改的司局级及以下工作人员适度发放公务交通补贴,自行选择公务出行方式,在北京市行政区域(城区)内公务出行不再报销公务交通费用。交通补贴标准具体为:司局级每人每月1300元,处级每人每月800元,科级及以下每人每月500元。补贴属于改革性补贴,列入财政预算,在交通费中列支、按月发放,并适时适度调整。五是在车辆处置上,对取消的公务用车,由公务用车主管部门统一规范处置。委托中介机构进行资产评估,以评估价作为处置基准价,采取公开拍卖等方式进行公开处置,处置结果向社会公开。处置公务用车所得收入,扣除有关税费后全部上缴中央国库。六是在司勤人员安置上,合理设置司勤人员岗位,在现有在册正式司勤人员中,采用竞聘上岗、综合择优等方式确定上岗人员。对其他司勤人员,坚持内部消化为主,通过内部转岗、开辟新的就业岗位、提前离岗等多种方式妥善安置,不得将其简单推向社会。同时,做好相关人员聘用合同或劳动合同的终止、解除工作,妥善处理该类用工形式司勤人员与单位的劳动关系,维护好相关人员合法权益[①]。正是由于新方案对公务用车制度改革工作进行了深度科学分析,把握了主要目标、工作原则、参改范围、涉改人群、补贴标准以及司勤人员安排和车辆处置等关键环节,既抓住了主要矛盾,区分不同对象,保持总体稳定,又循序渐进、逐步展开,照顾到方方面面的利益,才使得改革平稳推进,得到各方面的积极评价。

---

① www.gov.cn/zhengce/2014-07/16/content_2718785.htm

### 三、目标管理法

目标管理是20世纪50年代美国管理学大师德鲁克创建的管理方法和管理哲学，指员工与组织协商制定工作目标，实现"自我控制"，并激励员工努力完成工作目标的方法和技术。该方法用可观察、可测量的工作结果作为衡量员工工作绩效的标准，以制定的目标和时间框架作为对员工考核的依据，使对员工的评价和奖励更客观、更合理，进而激发员工为完成组织目标而努力。由于这种方法特别适用于对主管人员的管理，所以被称为"管理中的管理"。

目标管理法简单来说就是：组织为了达到工作总目标，动员其所有部门和全体职工，通过共同制定、展开和实施各种目标、措施，按民主管理原则，实现有效管理的方法。其基本做法是：统筹、协调组织内部各部门、各单位间的工作，根据工作总目标建立单位内部各自的分目标，并依据组织程序与专业分工程序，使各部门在工作总目标下，建立一个自上而下、层层展开，自下而上、层层保证的工作目标连锁体系。基本目的是通过目标管理，促使全体职工都关心自己的事业，实现组织和人生价值。

从特点上看，目标管理具有以下几个明显特征。第一，注重参与管理。目标管理是参与管理的一种形式，目标的实现者同时也是目标的制定者，即由上级与下级在一起共同确定目标。首先确定出总目标，然后对总目标进行分解，逐级展开，通过上下协商，制定出各部门、各单位直至每个员工的目标；用总目标指导分目标，用分目标保证总目标，形成一个"目标—手段"链。第二，强调"自我控制"。如果我们控制的对象是一个社会组织中的"人"，则我们应"控制"的是行为的动机，而非行为本身。目标管理的主旨在于，用"自我控制的管理"代替"压制性的管理"，这种自我控制可以成为更强烈的动力，推动员工尽自己最大的力量把工作做好。第三，促使权力下放。集权和分权的矛盾是组织的基本矛盾之一，唯恐失去控制是阻碍大胆授权的主要原因之一。目标管理注重下放权力，有助于在保持有效控制的前提下，搞活内部工作机制，创造良好发展环境。第四，绩效成果第一。由于有一套完善的目标考核体系，从而能根据员工实际贡献大小评价一个人。

从效果上看，目标管理法有很多好处：一是评价标准直接反映员工的工作内容，结果易较少出现失误。二是目标管理体系中各管理层目标具有连锁性，上下级之间都有分担整体目标的意识，容易形成团队合作的精神。三是由于目标管理的过程是员工共同参与的过程，因此，能够较好地提高员工工作积极性。四是目标管理使得上级及部属变成目标导向的人，使他们能够集中精力追求明确的目标，提高工作效率。五是由于工作目标的确定，使得上级更加清楚部下完成工作目标所需要的权责，容易增强工作的责任感和自我管理意识，也便于对工作结果负完全的责任。

由于目标管理具有上述明显优势，在国家机关使用目标管理方法，能够取得意想不到的效果。目前，目标管理方法在我国国家机关和机关内部被广泛运用。作为机关干部，特别是中央国家机关干部，在使用目标管理方法时，要重点关注三个环节。

第一，设置目标。目标管理的第一步骤是确定目标。目标是在一定时期内（一般为一年）组织活动的期望成果，是组织使命在一定时期内的具体化。由于组织活动与个体活动的有机叠加，只有每个员工、各部门的工作对组织活动做出期望的贡献，组织目标才可能实现。所以，如何使全体员工、各个部门积极主动、想方设法为组织的总目标努力工作，是管理活动有效性的关键。这一阶段可以细分为四个步骤：一是高层管理预定目标。这是一个暂时的可以改变的目标预案。既可以由上级提出，再同下级讨论，也可以由下级提出，上级批准。无论哪种方式，必须共同商量决定。二是领导必须根据本机关的使命和战略规划，充分判断客观环境带来的机会和挑战，对本机关的优劣有清醒的认识，对组织应该和能够完成的目标做到心中有数。三是重新审议组织结构和职责分工。目标管理要求每个分目标都有确定的责任主体。预定目标确定后，要重新审查现有组织结构，制定下级的分目标。在此过程中，上级要尊重下级，平等待人，耐心倾听下级意见，帮助下级发展一致性和支持性的目标，并具体量化，这样才能支持本单位和组织目标的实现。四是上级和下级就实现各项目标所需的条件，以及实现目标后的奖惩等事宜达成协议。分目标制定后，要授予下级相应的资源配置的权力，实现权责利的统一，以充分调动其工作积极性，帮助组织目标的实现。

第二，管理过程。目标管理重视结果，强调自主、自治和自觉，并不等于领导可以放手不管，相反，由于形成了目标体系，一环失误，就容易牵动全局。因此，领导对目标实施过程中的管理是不可缺少的。首先要进行定期检查，利用双方经常接触的机会和信息反馈渠道自然地进行，随时发现和解决过程中出现的问题；其次要向下级通报进度，反馈各方面情况，便于互相协调；最后要帮助下级解决工作中出现的困难，当出现意外、不可预测事件等严重影响组织目标实现时，也可以通过一定的程序和方法，修改和调整原定的目标。总之，过程管理的关键是，要围绕目标的达成，掌握各阶段和各部门以及各位机关干部的具体工作情况，及时发现和解决过程中的问题，确保工作顺利开展。

第三，总结和评估。达到预定的目标后，下级首先进行自我评估，提交书面报告；然后上下级一起考核目标完成情况，决定奖惩；同时讨论下一阶段目标，开始新的循环。如果目标没有完成，要及时分析原因、总结教训，切忌相互指责、推卸责任，相反，要以平和的心态，维护和保持团结和谐的局面，相互信任、相互支持，重新开展新的工作。通过总结和评估，一是建立每位评估者所应达到的目标。在许多组织中，通常是上级评估者与被评估者一起来共同制定一个目标。目标主要指所期望达到的结果，以及为达到这一结果所应采取的方式、方法。二是制定被评估者达到目标的时间框架。即为实现这一目标，可以合理安排时间，了解自己目前在做什么、已经做了什么和下一步将要做什么。三是将实际达到的目标与预先设定的目标进行比较。这样评估者就能够找出未能达到目标的原因，或者为何实际达到的目标远远超出了预先设定的目标。这一步骤能提醒上级评估者注意到组织环境对下属工作表现可能产生的影响。四是制定新的目标以及为达到新目标而可能采取的新战略。凡是已成功地实现了目标的被评估者，都可以被允许参与下一次新目标的设置。通过新的环节，更好地做到上下级共同确定目标，使目标有明确的项目和分值，针对性和操作性都强。同时根据目标，确定各自的工作责任，真正做到任务明确、责任到人。此外，还能够适时掌握和控制目标的执行情况，进一步激励大家的自我管理意识，激发全体人员的工作积极性，最后实现机关工作的阶段性目标和总目标。

### 四、内容分析法

在国家机关，如果供职于研究室、政策法规、综合管理、应急处置等岗位，从事公共政策研究、社会和网络舆情分析、发展态势判断、工作情况研判以及动态清样报告等工作，必然涉及内容分析，因此要熟练掌握内容分析法。

内容分析法最早萌发于新闻界，由研究的对象、方法论基础、主要类型、基本流程、经验方法等几个方面构成。从分析的层次角度出发，可以将内容分析法分为概念分析法和关联分析法两类。概念分析法主要是对由单个词语或词组表达出来的预定概念在特定文献中出现的频率进行统计，以此来推断文献的内容特征。利用该方法首先要确定研究的问题，然后根据研究的问题选择内容样本，一旦选择了内容样本，就需要将样本编码成可管理的内容类别库，对某一概念出现的频率和频次进行综合抽象，从中得到应有的结论。关联分析法比概念分析更进一步，它在统计预定概念出现频率的同时，还要分析预定概念之间的关系、与上下文的关系、概念组合及其含义等。该方法可以通过对上下文的语境进行分析，分辨出各种词语的真正含义，从而推断出信息源的内容重点及其隐含的相关信息。

在国家机关工作中，特别在舆情分析、应急处置、动态研判等工作中，内容分析法的主要应用体现在以下三个方面：

第一，特征分析，也称为意向分析。即通过对某一对象，在不同问题或在不同场合所显示出来的内容资料进行内容分析，把这些不同样本的量化结果加以比较，找出其中稳定的、突出的因素，从而判定这一对象的基本特征。如通过对某个优秀机关干部起草的文件资料进行内容分析，研究他的行文风格特点，总结他的工作经验；通过对某些处室出台的管理办法、工作制度以及文献资料进行内容分析，研究他们的工作内容、工作特色、工作重点、政策趋向和工作风格；通过对某机关干部言谈举止进行内容分析，研究该机关干部的思想状况、基础涵养、工作意图和行为动机等。

第二，趋势分析，也称为发展分析。通过对某一对象，在同一类问题上、不同时期内所显示的资料和文献进行内容分析，把这些不同样本的量化结果加以比较，找出其中发生变化的因素，从而判断这一对象在某一类问题上的发展倾向。比如,通过对某个领导人在不同时期所作工作报告的录音、录像资料进行内容分析,可以研究该领导人或其代表部门的管理思想发展过程,找寻该部门公共政策理论的变化和工作重点的变迁,把握下一步的发展趋势和基本动态。再如,通过系统研究和捕捉发展改革、财政、税收、统计等宏观经济数据和有关文献,分析和判断当前的宏观经济形势,得出国家经济整体发展趋势,为证券分析和管理政策的出台奠定基础,等等。

第三,结果分析,也称为比较分析。通过对同一中心问题,但对象或来源不同的样本资料进行内容分析,把这些来自不同对象的样本的量化结果加以对比,从而找出它们之间的异同,从中发现和找到真正具有代表性的结果,为确定政策和改革发展走势奠定基础。如比较不同省区市在推进事业单位分类改革的设计思想、工作理念和具体措施,得出科学合理的符合大多数地区的共同改革方案;比较不同地区的公务用车制度改革的做法和出台的管理政策和工作制度,特别是比较不同地区改革的成败得失,得出符合各地实际的改革方向和路径,从而拟订符合国家机关实际的公务用车制度改革方案,等等。

### 五、民意测验法

民意测验也称民意调查,是运用系统性、科学性、定量性的步骤、迅速、准确地收集公众对公共事务的意见，以检视公众态度变化的社会活动，其主要功能是真实反映各阶层民众对公共事务的态度，以作为政府或相关单位拟订、修正、执行政策的参考。由于民意测验具有精确、迅速、简便掌握事态和发展情况的特点，成为人们观察问题的窗口、分析问题的准绳、制定政策的依据和预测未来的参数。因此，民意测验在国内外的运用经久不衰，也日益成为我国政府公共管理和机关干部工作的一个不可或缺的工具。

民意测验在国家机关中的运用，大体可以归纳为以下几个方面。

一是推动政府决策问题形成。任何一级政府的决策，要解决的都是带有社会性的公共问题。任何一项政策进入政府议定程序之前，都要经历一个"问题—社会问题—公共问题—公共政策问题—首脑决策问题"的发展过程。但是，要使一个问题上升到政策问题，必须首先引起民众的广泛关注、思考与议论，并得到清晰准确的表达，民意测验正是这种表达的有效工具。民意测验的介入使社会问题形成清晰准确的民众意见，增加引起决策者注意的可能性。在民意测验的推动下，政府最终察觉到某一社会问题所引起的民众关注与议论，且这个问题本身亟待解决，进而将其作为政策问题进行研究处理，社会问题最终进入政策议程成为政策问题。因此，在政策问题形成过程中，进行民意测验并发布调查结果，在一定程度上发挥着"议程设置"的作用，有助于推动公共议程上升为政府议程。政府对调查结果的了解也有助于决策者筛选社会问题，更快、更准地确定今后政府决策的重点。

二是提供政府决策制定的依据。在政策问题形成阶段,民意测验已经在社会范围内反映了广大民众的意见与要求。而当政府开始对选定的政策问题制定具体决策时,还需要更进一步、针对性更强地吸纳民众的意见,了解民众的切实要求,从而使决策更容易为民众所接受,保障政策问题的有效解决。在政府决策制定时,民意测验的功能主要表现在:它广泛收集并反映民众的意见,使决策者能够真正了解民众问题,满足民众需要;它通过对民意信息的传递,及时为决策机关提供丰富的信息资源,为政策制定提供依据。民意测验这种描述事实的重要功能,突出表现在它所提供的信息可能是决策机关通过常规渠道不可能了解到的,或者是由某些政府机构欺上瞒下等原因造成信息流失效使决策层难以了解到的。而只有建立在真正的、具体的事实基础上的决策,才能准确体现民众意志,切实满足民众需求,最终有效地解决社会问题。

三是营造积极有利的施政氛围。政府决策是为了解决公共问题,因此,决策执行即施政,就成为整个决策过程中的关键阶段,它是将政策条文转变为现实效果的唯一途径。政府制定政策就是为了指导实践,改造现实。要推动公共政策顺利、有效地执行,离不开广大民众的支持。政府可以利用民意测验结果,营造良好的舆论环境和施政氛围,有利于政策顺利执行。这不仅表现为民意测验可以提高政策的知名度,通过民意,对政策涉及的一系列问题进行广泛宣传,让政策指向对象及其他人都对该政策有所了解;而且表现为民意测验可以提高政策的认同感,民众对于该政策的认同感也是影响政策有效执行的重要因素,民意测验结果的发布,可以在一定程度上激发民众对政策的认同。

四是检验政府施政的最终效果。在政策执行过程中,受各种因素的制约,政府不可避免地会存在一定程度"偏离"既定政策的现象。民意测验以其本身所具有的优势,在较大范围内反映不同地区的政策执行情况,尽快地反馈政策执行后民众的社会反响、政策对象的利益得失等,并将这些相关信息迅速地传递给政策制定者。政策制定者可以根据取得的第一手资料,了解政策的被接受程度和现实适用程度,一旦发现与社会现实相冲突的漏洞、偏差或是相关规定的缺乏,立即对政策做出修改和补充。

民意如流水,民调如探针。民意测验不仅可以帮助国家机关和广大机关干部了解公众的所思,也可以帮助了解民众的所虑,更可以帮助了解民众的所想,最后找到工作的努力方向和解决问题的实际办法,在真正意义上建立为民、务实、清廉的政府。当然,由于时代背景、客观环境等不同,民意测验也会受人为因素、感情因素等多种外在条件的影响。因此,作为国家机关干部,在使用民意测验这一方法的时候,要特别注意把握以下几个原则。

第一,真实性原则。即这种民意测验的结果必须是基于对社会情况和公众意见的严谨、科学的系统采集,它给予受众的不是个别的、片面的、局部的现象描述,以及基于这种描述的分析,而是一种真实的、客观的、全面的、结构化的现象和意见的完整描述与分析，这种描述和分析能够提供社会的"标准意见"，起到机关参考、社会示范和公共沟通的作用。

第二，客观性原则。负责民意测验的国家机关及其工作人员在调查过程中，要始终秉持"中立的立场"，这样才能使受访者弃置疑义，乐于合作，使社会公众增进对民意测验结果的相信程度，进而更好地使民意调查结果起到引导社会舆论的作用，同时，也能成为公众了解社会的最好窗口。

第三，适宜性原则。主要表现在：一是民意测验的开展要在适宜的时间、地点和场合进行。比如，一项公共政策的出台，首先考虑要不要出这个政策，时机对不对，场合恰不恰当，内容合不合理。二是民意测验结果的发布也要在适宜的时间、选择适宜的场合进行。在合适的时间发布测验结果，可以帮助民众及时、正确地理解和分析一些正在发生的事情、及时掌握动态；也可以在相关社会背景反映出来之前提前发布，引起民众的关注，提前形成社会讨论和沟通，对未来的事件进行相对准确的预测。

第四，导向性原则。社会舆情的调查和动态信息的掌握，必须自始至终自觉接受党和政府的领导。导向性原则要求，在发布民意测验结果之前，必须综合、全面、谨慎地考虑该结果发布后可能激起的社会反应，必须考虑是否会有利于形成积极正向的社会舆论，是否有利于营造有利的工作氛围，是否有利于问题的解决和矛盾的化解，这些往往是机关工作中掌握情况、把握规律、因势利导、解决问题的关键。

## 六、科学预测法

预测，是对客观事物未来发展的估计、分析、判断和推测。科学预测，是在正确理论指导和把握客观规律的基础上，借助科学预测技术体系和对大量信息资料的系统分析，揭示客观过程的本质联系和必然趋势的技术方法。科学预测为社会管理指明了方向，确立了信心，也为国家机关履行社会管理职能提供了保证。古人云："凡事预则立，不预则废。"决策是机关干部特别是高级机关干部的一项主要工作，而预测是决策的前提，没有预测的决策是盲目的。因此，科学预测事物及其发展变化，是党政领导干部领导艺术的生命力所在。掌握了这项领导艺术，就可以站得高些，看得远些，观察得多些和快些。只有把今天与明天、现实与未来有机地衔接起来的决策者，才能体现时代性、把握规律性、富于创造性。

科学预测在不同领域的广泛运用，产生了不同的预测学科门类，比如经济预测、市场预测、社会发展前景预测等。科学预测一般具有超前性、试探性、可检验性、不准确性等特点。根据预测的目的，可分为探索性预测和规范性预测两大类；根据预测的内容，可分为目标性预测、计划性预测、设计性预测和组织性预测四大类；根据预测的时间，可以分为即用的、短期的、中期的、长期的和超长期的几大类；根据预测的范围，可以分为全球性预测、全国性预测、地区性预测、部门性预测以及具有不同空间跨度的各种专题预测。

对于机关干部而言,在行政管理工作中掌握和运用科学预测方法,最关键的是掌握预测的一般程序,通过程序的设计、运用和把握,比较准确地描绘预测对象的发展取向、特点和规律,从而为日常工作提供帮助。行政管理工作中科学预测的一般程序,包括确定预测目标、选择预测方法、收集处理信息和编制预测方案四个阶段。

第一,确定预测目标。预测是有目标的。比如,对一个国家的经济预测来说,其主要目标是国家经济的发展趋势,以及由此可能产生的社会影响。确定预测目标通常分为两个阶段:一是提出预测的课题和期限。二是大量收集与预测课题有关的背景材料,包括经济、政治、社会、科技、文化等各方面的材料,了解国内外同类预测研究的进展状况和最新成果。

第二,选择预测方法。一般来说,选择预测方法,既要取决于上一阶段确定的预测课题和期限,也要参考预测者本人的专业知识结构和所具备的客观条件。

第三,收集处理信息。采取任何预测方法,解决任何预测课题,都离不开丰富可靠的信息。预测所遵循的惯性原则和类推原则,规定了在时序上应有现在的信息和过去的信息,在空间上应有样本的信息和整体的信息。

第四,编制预测方案。在获得大量数据资料并进行初步处理的基础上,就可以转入编制预测方案的阶段。这是整个预测研究的核心，一般又可分为设计预测模型、进行预测计算、发布预测结果等几个阶段。

## 七、概率统计法

概率亦称"几率""或然率"，是概率论中最基本的概念。概率就是用来表示随机事件发生的可能性大小的量。概率越大，表示该事件发生的可能性越大。概率论是从数学上研究大量随机事件规律的数学分支。数理统计和概率论一样，也是研究随机现象的规律的。它是以概率论为基础，研究如何合理收集试验所得的数据并加以分析处理，从而求得总体的统计规律，并根据这些规律对未来的发展做出预测。概率统计方法即概率研究方法，指对具有随机性的调查材料进行概率研究，对所获得的大量材料进行统计研究，以揭示调查对象变化的统计规律性，寻找解决问题的一种方法。

随着计算机的发展以及各种统计软件的开发，概率统计法在金融、保险、生物、医学、经济、运筹管理和工程技术等领域得到了广泛应用。在自然科学、社会科学、军事和工农业生产等领域的应用也方兴未艾。概率统计法可以通过数学建模、理论分析推导、数值计算以及计算机模拟等理论分析、统计分析和模拟分析，研究和解决所涉及的理论和实际问题。

比如，在卫生健康部门工作的机关干部，可以大量使用概率统计方法开展人口统计工作。在人口统计中，这种方法除了广泛应用于人口变动情况和儿童情况的抽样调查，以及人口普查后的抽样调查外，也可用于人口统计分析研究。例如，利用时序回归法预测未来人口数，利用概率原理分析人口出生率的发展状况，利用假设检验及方差分析法检验各地区总和生育率有无显著差异，利用回归分析及相关分析法研究妇女总和生育率与各地区经济发展水平、文化程度以及城镇化水平之间的相关关系，等等。

在国家机关工作，我们所涉及的行政管理业务有许多不确定性，通常用"可能"来表述。由于可能性是个模糊概念，因此可以用概率统计的方法对可能性的估计进行处理。概率包括客观概率和主观概率。客观概率是以对事件根源的详细观察和分析为依据，比如一枚硬币有正反两面，因此，投掷时正面朝上的概率是50%。而主观概率是人们对客观概率做出的、符合他们对事件可能性的主观知觉判断，即人对事件的客观概率的判断。由于主观概率有时是基于机关干部自己的经验或希望所做的分析，往往会偏离事件本身的客观概率，不一定能够反映事物的真实属性，从而导致对同一事项可能性的估计，不同机关工作人员会有很大差异。因此，要提高机关干部职业判断的质量，必须使主观概率尽可能地符合客观概率。对可能性的评估方法，可以用到众数概率法、累计概率法和加权概率法。不同概率和统计方法的运用，最主要的目的是发现随机事件可能性的大小，从而为我们找寻事物的发展规律、掌握解决问题的方法打下坚实基础。

## 八、项目管理法

当今世界,无论是企事业单位还是国家机关,都面临着严峻的竞争压力,要想在激烈的竞争中求得生存,就必须不断地推出新产品、新技术、新工艺和各种改革措施。实际上,任何改革和创新都是项目管理活动。由于这些任务具有一次性和独特性的共同特征,人们日益认识到采用常规的管理方法是难以应付的,必须组成项目班子,采取项目管理的方法。因此,在企事业和国家机关中,对项目管理也有了强烈的需求。比如,世界银行把每一笔贷款作为一个项目来管理,美国国防部"防卫系统管理学院"主要为政府工作人员培训项目管理技术。我国也不例外,项目管理的需求几乎渗透到任何形式的机构之中,可以说,国家机关的任何创新和改革都是项目活动,都需要开展项目管理。

按照美国项目管理协会(PMI)的说法,项目是为完成某一独特的产品、服务或者任务所做出的一次性努力。[①] 项目无论简单还是复杂,都有一些共性,比如都有明确的起止时间,都有事先安排预定的目标,都要经受人力和经费的限制,都要消耗一定的资源,都要为目标的实现付出努力,等等。因此,从特性上看,项目具有一次性、独特性、组织的临时性和开放性、后果的不可挽回性等特点。所以,项目管理是指项目管理者在有限的资源约束下,运用一

---

① 傲姿时代项目管理教材开发项目组:《项目管理基础》,清华大学出版社2001年版,第4页。

系列知识、技能、工具和技术，对一系列有明确目标或者目的独特的、复杂的且相互关联的活动，实施计划、评估、控制，并在特定的时间和预算内，依据规范实现项目目标的过程。

从内容看，项目管理包括以下几个方面。一是项目整体管理，主要目的是正确协调项目各组成部分而进行的过程集成，核心是在多个相互冲突和多目标中进行权衡，包括制订项目计划、执行项目计划、整体变更控制等环节。二是项目范围管理，主要是定义和控制列入或者未列入项目的事项，包括范围规划、范围定义、范围核实、范围变更控制等环节。三是项目时间管理，主要是为了确保项目按时完成的过程，包括活动定义、活动排序、时间估算、进度安排、时间控制等环节。四是项目费用管理，主要是保证在批准的预算内完成项目所必需的过程，包括资源规划、费用估算、费用预算、经费控制等环节。五是项目质量管理，主要是为了保证项目能够满足原来设定的各种要求，包括质量规划、质量控制、质量保证等环节。六是项目人力资源管理，主要是为了保证充分发挥项目人员的聪明才智，包括组织规划、选择人员、团队建设等环节。七是项目沟通管理，主要是保证项目信息及时准确地提取、收集、传播、存储以及最终处置，包括沟通规划、信息分发、进度报告、收尾善后工作等环节。八是项目风险管理，主要是把有利事件的积极结果尽量扩大，把不利事件的后果尽量降到最低，包括风险识别、风险量化、提出应对措施、应对措施控制等环节。

国家机关使用项目管理方法，不仅要把握其管理内容，关键还要树立项目生命周期的概念，因为任何项目都是在一定时间区域内完成的，有开始，有结束，具有明显的生命周期特征。项目生命周期一般划分为五个阶段。

第一阶段是启动阶段。主要考虑项目的资源需求、项目的目标、项目的实施条件、项目范围的确定以及项目涉及的决策问题。主要工作有：需求的收集、项目策划、可行性研究、风险评估以及项目建议书等。这个阶段需要投入的人力、物力不多，但对后期的影响很大。

第二阶段是计划阶段。解决的问题是：确定项目目标、任务、工作以及活动。估算各个活动所需要的时间和费用，确定各个活动之间的关系，确定项目团队所需要的技能，规划项目的组织结构，进行项目的日程、时间安排，编写项目计划书等。

第三阶段是执行阶段。按项目计划实施项目的工作。执行阶段是项目生命周期中时间最长、完成的工作量最大、消耗资源最多的阶段。这个阶段要根据项目的工作分解结构和网络计划来组织协调，确保各项任务按时间完成。指导、监督、预测、控制是这一时期的管理重点。

第四阶段是控制阶段。即项目管理者根据项目执行情况和跟踪的信息，对比原定计划和目标，找出偏差，分析原因，研究纠偏对策，实施纠偏措施的全过程，主要包括寻找偏差、分析原因和趋势、采取纠偏行动三项活动。涉及的领域包括项目跟踪、项目控制、变更管理、质量管理和成本管理等。

第五阶段是收尾阶段。管理重点是对项目产生的结果进行计量，确定项目完成程度。项目组织者要对项目进行财务清算、文档总结、评估验收、最终交付客户使用和对项目总结评价，回顾项目得失，吸取经验教训，以改善以后的项目。比如，调查研究就是一个很好的项目管理过程，使用项目管理方法对调查研究进行管理，是确保调查研究取得实效的管用方法。

链接

### 调查研究的常见类型

调查研究有多种类型，但常用的有以下几种：

一是综合性调研。即根据调研需求和调研任务，对本地区、本部门、本单位基本情况做多方位、多角度的调查，以掌握全面情况的一种方法。包括对人口、地理环境、经济社会发展、科教文卫等情况做全面系统的了解等。

二是专题性调研。指上级机关交办或本级领导制定的，配合中心工作而进行的专项性内容的调研。这种调研往往具有突发性、临时性、紧急性等特点。专题调研是机关行政管理常用方法之一。

三是经验性调研。指为总结、宣传、推广工作或生产经验而开展的调研活动。经验性调研要求所选调研对象具有一定的代表性，能够在一定程度上反映客观事物的全貌，具有先进性、示范性等特点。

四是临时性调研。指对突发事件或事故，或领导交办的临时性事项的调研。这种调研具有明显的时效性，一般要求在短时间内完成。

项目管理的核心问题就是对项目质量、进度与费用的折中控制，就是要在有限的时间、空间、预算范围内，将大量的人力、物力组织在一起，有条不紊地实现项目目标。任何项目在实施过程中，时间、人力、物力等资源都不可能是无限的，而对质量的要求也不会是无止境的。所以，在项目实施过程中，如何掌握好质量、进度以及成本之间的关系，是每一个项目管理人员要重点考虑的问题。

在机关工作，运用项目管理的方法处理日常事务，要求我们首先要把握该事务的周期特征，分析和掌握该事务在启动、计划、执行、控制和收尾不同阶段的工作要求；其次要明确该事务管理的重点内容和关键环节，把握好范围、时间、质量、费用、资源等方面的因素，合理调配，有效使用；再次要发挥项目经理的责任，无论什么级别的干部，负责某一项目和事务，就是该项目的经理，就要发挥好计划、组织、控制、协调、承上启下、传递经验教训等作用；最后要组建优秀的项目团队，项目团队如同项目自身，组成和规模有大有小，有些要解决复杂的问题，有些则只需要做常规性工作，有些动态性强，要经常更换人员，而有些则相对比较稳定。队伍是一组人的集合，必须协调一致地开展工作，才能实现项目管理的目标。

总之，在机关工作，要解决的问题一般比较复杂，涉及的学科类型也繁多，大型综合性问题的处理更是如此。这就决定了机关干部在对有关政务和事务以及服务工作进行处理时，只靠一两种方法是远远不够的，只靠一两类方法也是不够的，必须综合运用多种不同的科学方法。既要善于运用传统的工作方法，也要善于运用现代的工作方法；既要善于运用普适性的常规方法，也要善于运用专业性的特殊工作方法；既要学会运用观察、实验、归纳、比较方法，又要学会运用类比、演绎、数学、分析方法，有时还要借助直觉、想象等非理性方法。总之，只有在综合运用多种方法的基础上，才能真正从根本上解决机关工作中遇到的各类难题和问题，日积月累，集腋成裘，成长为一名敢于和善于运用科学方法指导具体工作实践的优秀机关干部。

## 才干常在，机遇不常有

唐代著名文学家韩愈在《马说》中说："世有伯乐，然后有千里马。千里马常有，而伯乐不常有。"因为是千里马，所以有千里马的外在特征和内在要求，那就是，"马之千里者，一食或尽粟一石"。但是，由于养马和用马的人都不知情，结果双方之间产生了极大的不理解和误会，这就是，"食马者不知其能千里而食也；是马也，虽有千里之能，食不饱，力不足，才美不外见"。韩愈最后呼吁社会有识之士："策之不以其道，食之不能尽其材，鸣之而不能通其意，执策而临之曰：'天下无马！'呜呼！其真无马邪？其真不知马也！"

这里实际上给我们揭示了两类困境：一类是马的困境，因为是千里马，跑得快、吃得多，但是主人不知道，总不让其吃饱，所以千里马总是"才美不外见"；另一类是伯乐的困境，一匹瘦马，吃那么多，不好好干活，还到处发表意见，吹毛求疵，所以，伯乐总是哀叹"天下无马"。总体上看，韩愈在文章里，主要慨叹无人识才、用才，他劝天下的明君，要懂才、识才、用才，不拘一格用人才，下大气力为人才施展才华创造良好的条件。

晚清著名学者龚自珍在《己亥杂诗》中说："九州生气恃风雷，万马齐喑究可哀。我劝天公重抖擞，不拘一格降人才。"表达的基本上也是这样的意思。这是值得社会、国家和各级组织人事部门高度关注和重视的，党政领导干部，特别是各级组工干部，要以国家社稷和事业发展为重，积极为各类人才营造脱颖而出的氛围和环境。但是，另外，作为人才自身，如何做到让人识才、用才，特别是作为栋梁之材来使用，不光是组织人事部门和领导的事情，也是人才自身如何抓住机遇、展现自己，最终成就自身的大事情。

## 一、机遇是成功的关键

经过严格选拔，进入机关工作的干部都具备一定才干，应该说都是千里马，都是人才。但是，经过几十年的磨炼和摔打，有些人在机关发展得很好，有大成就和大作为；而有的人却浑浑噩噩，饱食终日，碌碌无为，一事无成。原因是什么？一方面，与组织和领导的发现、使用、提拔和栽培有关；另一方面，作为机关干部，特别是新进机关干部，能否在平凡的工作中抓住点滴机遇，表现自己、展示自己，使组织和领导相信你、信任你，从而重用你、提拔你，关系十分密切。

我们知道，所谓机遇是指那些在事物的发展过程中并非必定出现，但一经出现就可能改变事物现存状态，并促进事物加速发展的机理和条件。

机遇具有不确定性。作为民族、国家、组织或者个人发展的有利时机，机遇并不是随时都会出现的。从时间上看，能够遇上机遇又能紧紧抓住机遇、充分利用机遇的，往往是一种历史的幸运。从空间上看，机遇的分布也具有不均衡性，同一历史时期对这个国家、这个民族、这个组织或者个人发展是机遇，对另一个国家、民族、组织或者个人的发展可能并非如此。一方抓住了机遇，就可能对另一方构成挑战。机遇既可能是稳定的，又可能是随机的；既可能是必然到来的，又可能是偶然到来的。美国前国务卿基辛格曾形象地比喻："世界上唯一有一件最宝贵而不可能储藏的东西就是机遇。"机遇的不确定性告诉我们：机不可失，时不再来。

机遇具有可逆性。机遇与挑战是相对的，在一定条件下可以相互转化。从某种意义上说，机遇本身就是机会与挑战的复合体，抓住机遇实现发展,就能走在时代和他人的前面;抓不住机遇,失去发展的机会,就可能面临发展滞后带来的挑战。反过来,能够在挑战中找到发挥自身优势的突破口,就能走出挑战的困境,迎来新的发展机遇。正因为机遇与挑战构成矛盾的两个方面,国家、民族、组织和个人,如果丧失重大的战略机遇,那么受影响的就是前途和命运。对于机遇,"天予不取,反受其咎"。

机遇具有偏向性。机遇是客观现实性与主观能动性的有机统一体。机遇本身是客观存在的条件,但客观条件能否变成促进发展的成果,关键在于人的主观能动性发挥得怎么样。只有在一定的主观努力下,把客观上的有利条件转化为现实的发展优势,机遇才能成为实实在在的机遇。有历史机遇但主观上没认识到、平时没有准备好,再加上没有把握好,机遇就不成其为机遇。机遇具有偏向性,偏向性就是表现为偶然性的机遇,是针对那些有准备的主体而言的,而对另外的主体来说未必是机遇;所以在机遇面前,"形势逼人,不进则退"。

### 马周的厚积薄发

唐代著名的政治家马周自幼父母双亡,但他嗜读诗文,靠旁听和自学,积累了不少知识,加上天资聪颖,不到二十岁,就已经满腹经纶,写得一手好文章。马周一开始在州里谋了一个教师的职位,但他天生就不是教书的料，辞职后过着衣食无着、居无定所的生活。后来为了糊口，来到京都长安找出路，通过一些途径成了中郎将常何家中的一个门客。唐太宗贞观三年（公元629年）六月，天下大旱，河流干涸，庄稼枯萎。深信"天地感应"的唐太宗心情极其沉重，认为这次大旱是他的"失道"造成的，于是专门下诏，命令文武百官上书议事，寻求解决问题的方法。诏令发布后，文武百官争先恐后，奋笔疾书，纷纷向皇帝呈上奏疏，唐太宗也夜以继日地阅读，希望从中发现救世良方，但让他失望的是，这些奏疏要么空洞无物，要么老生常谈。心烦意乱的唐太宗正想甩手不看时，突然有一份奏疏让他眼前一亮，这是一篇洋洋洒洒、字字珠玑的绝好文章，不仅提出了二十余条建议，而且条条有的放矢、切中时弊，言之有理、切实可行。唐太宗看后兴奋异常，如获至宝。但一看上书人的名字，感到有些奇怪：常何乃一介武夫，大字不识几个，怎么能写出这样的文章？宣召常何进宫问明情况，才知出自他的门客马周之笔。唐太宗接连派人催马周进宫，当他与这位穿着普通却气质非凡的年轻人面谈后，大为惊叹，觉得这个人确实非同一般，是个难得的人才，当时就安排马周到掌管机要的门下省任职，从此不断提拔重用，直至他当上宰相。

## 二、抓住机遇的关键是抓住自己

德国历史学家斯宾格勒说，"时机的把握，可以决定一个民族的前途,把握得当,其民族便主宰其他民族的命运,把握不当,自身的命运便成为其他民族的目标"。民族的前途命运如此,机关干部的前途命运更是如此。通往成功的桥梁关键在自己,而抓住机遇的关键在于抓住自己。怎样抓住机遇,有以下几个方面需要我们认真思考。

要有强烈的忧患意识。古人讲,"生于忧患,死于安乐"。事物的发展总是在不断解决矛盾的过程中开辟前进道路的。相对来说,机遇期是有利于发展的积极因素占主导作用的时期,这时如果不能有效积累事物发展的优势,当消极因素占主导作用的非机遇期到来时,事物的发展就会遇到较大的阻碍。机遇往往也是潜在危险因素积累的时期,在事物发展顺利的机遇期,如果无视矛盾的存在、如果预见不到矛盾逐渐加深带来的挑战,那么接踵而来的可能就是忧患。机遇在事物发展中还具有马太效应,抓住一次,可以为下一次创造更有利的条件,失去一次则可能一错再错。所以,要始终保持清醒的头脑,做到居安思危,未雨绸缪。

要有到位的准备意识。机遇只属于有准备的人,这里既包括思想、精神上的准备,也包括能力、素质上的准备。认识机遇、把握机遇、用好机遇,对机关干部来说,是政治智慧、执政能力和服务水平的体现。邓小平同志具有强烈而敏锐的机遇意识,"机会要抓住,决策要及时",是其思想方法和工作方法的重要特点。习近平总书记讲,要善于在危机中育先机、善于在变局中开新局就是这个意思。机遇不是虚无缥缈的东西,而是可以认识和把握的。机遇是必然性中的偶然性，或者说是必然性和偶然性的统一。机遇是客观的，但能否抓住机遇，则取决于人们的认识能力和实践能力。作为机关干部，树立机遇的准备意识，就是时时处处都要有机遇的观念，任务再轻，都要把它当作一个难得的机遇来对待；工作再不起眼，都要兢兢业业、认认真真做好。那些好高骛远、自我吹嘘只干大事不干小事的人，就无法得到真正的机遇，因为他们不懂，成任何大事都要从小事开始干起。

要有自觉的使命意识。我们所讲的使命意识，是忠诚于党和国家机关事业的政治品格和负责任的工作态度。没有自觉的使命意识，就不可能有良好的机遇意识。一个人如果不想干事，只想当官；不想出力，只想享受；不想为公，只想为己；不敢大胆负责，只求明哲保身，就是缺乏使命意识的表现，那是不可能增强机遇意识的。树立和培养使命意识，不仅要加强自身的修养和锤炼，做到明大体、识大局；也要加强自身的学习和熏陶，做到明白做事、干净做人。不仅要知道自己进机关工作是为了什么，也要知道自己到机关工作后应该怎么办。这样，才能把个人的意愿、组织的需求和国家的前途命运联系在一起，从而在关键时刻抓住机遇，乘势而上。

# 第六讲：如何创造环境，协调关系

> 机关活动的主体是人，一个和谐的机关首先要有一个和谐的工作环境和人际环境，这种环境表现在人与人之间相互尊重、相互理解、相互支持上，既有个人的自由发展空间，又有全员的相互配合和相互促进。

智商决定录用,情商决定提升

关键要处理五种关系

团队协调是机关生存的根本

机关活动的主体是人,一个和谐的机关首先要有一个和谐的工作环境和人际环境,这种环境表现在人与人之间相互尊重、相互理解、相互支持上,既有个人的自由发展空间,又有全员的相互配合和相互促进。

## 智商决定录用,情商决定提升

在国家机关当干部,要打造良好的工作和生活环境,必然要遇到情商和智商的问题。当下人们常说,某某很适合在机关工作,某某在机关干得好,某某有机关工作天分,分析其原因,都会不约而同地认为某某的情商高。2013年5月,习近平总书记在视察天津时指出,做实际工作情商很重要,更多需要的是做群众工作和解决问题的能力,也就是适应社会的能力。所以,把握智商与情商及其关系问题,是创造环境、协调关系、有效开展机关工作的前提。

## 一、智商与情商

智商是智力商数（Intelligence Quotient）的简称，用IQ表示，它是指智力年龄与实际年龄之比，用公式表示即为，智商＝智力年龄÷实际年龄×100，即智力达到某一年龄的水平。智商是衡量一个人智力高低的尺度。"情商"（EQ），是情绪智力商数（Emotional Intelligence Quotient）的简称，是美国哈佛大学心理学博士丹尼尔·戈尔曼在1995年出版的《情绪商数》一书中所阐述的一个新概念。"情商"是测定和描述人的情绪、情感的一种指标，指一个人认知、控制和调节自身情绪、情感的能力，具体包括人们在情绪、情感、意志、耐受挫折等方面的品质。

丹尼尔·戈尔曼说，"情感智商包含了自制、热忱、坚持，以及自我驱动、自我鞭策的能力"。即情商就是指一个人认知、控制和调节自身和他人情绪、情感的能力，通过对自己与他人情绪的识别、控制，调节自己的行为，指导自己的活动。它由五个要素组成：第一，自我认知的能力。就是能认识自己的情感与需求、长处与短处、缺点与错误以及自我与他人等的能力。因为有充分的自我认知，所以，说话办事客观、公允，不紧不慢、有条不紊。第二，控制情绪的能力。就是指能够控制自己的情感，并以有益的方式加以疏导的能力。因为能够控制自己，所以无论是欣喜还是悲伤，无论是表扬还是批评，都能经受得住，所谓"不以物喜，不以己悲"。第三，自我激励的能力。就是指服从于某种目标而调动、指挥情绪的能力,特别是在遭遇挫折、面临错综复杂的情况,以及面临重大压力时,能够做到淡定自如,自强不息,保持永久的生机和活力。第四,认知他人的能力。就是指能通过细微的社会信号敏锐地感受到他人情感的能力,能对他人处境感同身受,又能客观理解、分析他人情感,做到换位思考,为他人着想。第五,人际交往的能力。敢于和善于与别人打交道,特别是懂得和不同类型的人交换意见、沟通情况、协商问题、处理事情,在熟人社会、关系社会、人情社会中游刃有余。

情商与智商并不冲突,它们之间互相作用,共同影响人的一生。无论是高智商还是高情商的人,都能获得人生的成功。

### 两个比尔:情商奇才与智商天才

在人的群体中,相对来说,有的人IQ高,有的人则EQ高,或者有的人IQ、EQ都较高,有的人IQ、EQ都较低。而作为美国两个最著名的"比尔",我们说,比尔·克林顿是情商奇才,比尔·盖茨则是智商天才。

比尔·克林顿与比尔·盖茨在许多方面都十分相似。对两个"比尔"进行比较,是一件很有意思的事情。譬如:过去,两个比尔都有能力让成百上千的人高兴,更可以让数十亿人抱怨;两个比尔都想统治国际互联网,以及网上的活动;两个比尔都会满足你的需要——只不过会以他们的方式而不是你的方式;两个比尔都相信"越大越好"的原则,一个有膨胀的政府,另一个有膨胀的软件;两个比尔都认为美国人别无选择,所以他们用那样的微笑来鼓舞人们;两个比尔都喜欢闲聊许多问题,都喜欢许下从来不遵守的诺言;两个比尔都自命不凡,好惹人注意;两个比尔都证明了,任何决定都必然是"在其他可能之外你能够做出的最差的决定";两个比尔最感兴趣的东西是你的钱包,他们都梦想从人们的钱包里搜刮更多的钞票(税收和做生意);两个比尔都想住在这个国家最大的房子里,其中有一个人是自己付钱的,另一个通过向全世界可疑的知名人士出租房间来付账。

## 二、情商是自己可以把握的关键

智商是先天的条件,通常情况下无法通过后天的努力来提高。但情商是我们可以把握的关键。情商是对情绪的察觉与善用——察觉自己的情绪,善用别人的情绪,也就是一个人的人际关系运作能力。情商主要反映一个人感受、理解、表达、运用、控制和调节自己情感,以及处理自己与他人之间的情感关系的能力。它所反映的是个体把握和情感问题的处理能力。心理学家的研究提出了如下公式:成功100%=IQ20%+EQ80%,即人的一生,20%由智商决定,80%由情商主宰。所以,清华大学一位校长曾在学生毕业典礼上告诫学生,未来的世界是方向比努力更重要,能力比知识更重要,健康比成绩更重要,生活比文凭更重要,EQ比IQ更重要。对于机关干部来说,最主要的不是专业技术能力,而是协调力、决策力和执行力。曾经有一句话说,一个人最后在社会上占据什么位置,绝大部分取决于非智力因素。所以,古希腊哲学家亚里士多德曾经这样写道:"谁都可能与人吵架,但是要与合适的人在适当的时间以恰当的方式吵架并不是一件容易的事。"因此,成功的关键在高情商。

高情商的人做一切事情的动力来自自己内部,有很强的自觉性、主动性。决定做一件事后,没有完成是不肯罢休的。他们对生活非常热爱,知道自己应该做什么、需要做什么和想做什么,而不是整天浑浑噩噩,无所事事,牢骚满腹,或抱怨自己怀才不遇——那样的人只能一事无成,并且每天都生活在痛苦之中。

高情商的人都是控制自己情绪的高手。其实培养一个人的情商有很多方法,但核心是要准确地感知并处理好自己的情绪;对自身的情绪具有敏锐的感知能力,做任何事情,都动机明确、兴趣强烈、独立积极、不甘落后,而且有勇气,自信心强。高情商的人都善于控制自己的情绪,任何时候都能做到头脑冷静、行为理智,能抑制感情的冲动,克制急切的欲望,及时化解和排除不良情绪,使自己始终保持良好的心境,心情开朗,胸怀豁达,心理健康。

高情商的人能够全面地看待自己,常常自我反省,并从不同的角度了解、认识自己,客观评价自己,具有自知之明,为自己正确定位。因此，能够处理好与周围的一切关系，成功的机会总是比较大。高情商的人善于洞察并理解别人的心态，设身处地为别人着想，领悟对方的感受，尊重他人的意见。因此，他们善于人际沟通与合作，在复杂的人际环境中游刃有余。如同性格决定命运一样，情商也能决定一个人的命运。一个人有高情商可能比他拥有其他任何财富都重要。

## 三、学会培养自己的高情商

一般而言，通过公务员考试，进国家机关工作以后，人与人之间的竞争往往就是情商上的比拼：谁的情商高，谁就更容易得到领导和同事的支持；谁的情商高，谁就拥有更多的资源与潜在机会；谁的情商高，谁就能很快在单位里脱颖而出。所以，对于机关干部来说，情商的高低往往是职场成功与否的关键所在。但遗憾的是，许多人并不知道自己为何不能成功，其实，根本原因在于未能解开自己在情商上的心结。高情商并不是可望而不可即的事，因为它可以靠后天培养，只要你是一个热爱生活的人，一个乐观向上的人，一个想有所作为的人。

第一，管好自己的嘴巴。在机关工作，有些事情可以公开谈，有些事情只能私下说，有些事情只可以放在心里。机关干部，要使别人接受你、理解你，首要的一点就是你必须敏锐把握不同人的情绪及其性格特点，知道对着什么人可以说什么、可以开什么样的玩笑、什么时候可以说什么话。所以，必须学会细心观察别人的情绪变化、了解别人的性格轮廓，培养自己敏锐的情感感知能力。在讲究组织层级和行政秩序的国家机关，管不住嘴巴的人，往往会断送自己的前程。

第二，改变呆板的标准。主观认为机关职场世界非黑即白。相信一切事物都应该像有标准答案的考试一样，客观地评定优劣。习惯用自己的人生价值观去判断别人是友是敌，是值得合作相处还是要拒之门外。总是觉得自己在捍卫信念、坚持原则，情感导向模糊了应有的理性衡量。结果只能是孤军奋战，常打败仗。

第三，宽柔相济做事。严于律己，宽以待人。有些机关干部要求自己是英雄，也严格要求别人达到他的水准。在工作上，要求自己与部属"更多、更快、更好"。结果，部属们精疲力竭，纷纷"跳船求生"，留下来的人更累，所以跳槽率很高，人人怨声载道。这种缺乏同情心、盲目追求业绩的机关干部，往往会因为"失道寡助"而中断自己的职业生涯。

第四，加强情感交流。有些机关干部不完全了解人性，在他们眼中，人与人的交往完全没有恐惧、爱、愤怒、贪婪及怜悯等情绪，而只有利益与非利益之分。他们联系外单位时，连招呼都不打，直接切入正题，缺乏将心比心的能力，他们想把情绪因素排除在决策过程之外。忽视别人的情感，招致的往往是别人的拒绝。情感交流，有助于机关干部正确认识职场上隐性的陷阱，帮助其改正自己的错误与缺点。

第五，尽快让别人认可。提高自我认知能力并让别人认可。有些机关干部希望自己日后成为一名出色的领导者，具有出色的领导才能与高瞻远瞩的眼光。但是，在平时与人交往中，却行事草率、目光短浅，与人交往也缺乏领导者应有的气量与胸襟。这种平常的行为习惯、与别人的交往方式其实是不断地塑造着自己的职场形象——你希望成为什么样的人，就必须以那一类人的行为方式、思维方式甚至语言逻辑与别人交往，这种高超的情商模式可以大大加深别人对你的目标的认知与认可，最终帮助自己达到预定的目标。

第六，控制好自己的情绪。在机关中，一些有一官半职的干部无论在提拔新人还是下达任务时，经常犯的一个错误就是以个人情感替代职场规则，或者以个人感性判断模糊理性决策。这些行为固然可以带来一定的人脉关系圈，网罗一批人才，但其破坏性也是巨大的，所以，我们必须记住，凡事绝不能感情用事。

## 关键要处理五种关系

人际关系是一个部门和单位凝聚力的基础，而凝聚力又是战斗力的前提。良好的人际关系能激活干部职工的积极性，促进各项事业顺利开展。上下协调，人人心情舒畅，大家的工作热情就高，主动性就强。反之，互不信任，互相拆台，明争暗斗，争权夺利，势必销蚀了工作的积极性和主动性，阻碍工作的开展和事业的发展。

在国家机关工作,创造安全、和谐、融洽的工作和生活环境,离不开供职于机关的广大机关干部,也离不开各级党组织和领导,而最核心的问题是妥善处理好各种关系。

### 机关不良人际关系的表现形式

在我们的干部职工队伍里,影响工作的不良人际关系主要有以下八种表现形式:

一、思想陈旧保守,观念更新滞后。把正常的健康的视为不正常的,把落后的陈腐的视为正常的。窒息了人的活力,窒息了单位的活力。

二、语言尖酸刻薄,作风漂浮散漫。说话不注意场合、分寸、语气。信口开河、缺乏修养,以讽刺挖苦他人为能事。

三、工作主观武断,方法简单粗暴。刚愎自用,独断专行,听不进别人的意见和建议,把民主集中制原则置于一旁。

四、缺乏群众观点,不走群众路线。夜郎自大,故步自封,主观偏激,心胸狭隘,缺乏包容之心。

五、飞短流长,评头论足,会上不说,会下乱说,当面不说,背后乱说。总盯着别人"找碴儿",不负责任地传播小道消息,管不住自己的舌头,给他人造成无形压力和伤害。

六、把自己当"老板",把下属当"马仔"。颐指气使,专横跋扈，凌驾于众人之上。

七、无计划，欠安排，朝令夕改，政无定型，工作随意性强。交代工作不明确，出了问题推一边，只愿当官拿钱，不肯担责干事。

八、不能正确地开展批评和自我批评。或求全责备，盛气凌人；或文过饰非，强词夺理；或事不关己，高高挂起；或好人主义，一团和气。①

## 一、处理好与领导的关系

在国家机关工作，按照正常的行政管理层级和行政秩序，下级服从上级，接受上级的指示和命令，完成上级交代的任务，实现上级的管理意图，是正确处理上下级关系的红线。而下级主动向上级反映情况，报告工作，提出建议，建立起有效的沟通渠道，取得上级的理解、信任和支持，则是正确处理上下级关系的前提。上下级之间相互理解，团结一致，密切合作，出于公心，坦诚相见，坚持原则，是正确处理上下级关系的根本目标。

机关干部在机关工作，随时都要与各级领导特别是直接领导打交道，处理好与领导的关系，是机关工作的头等大事。从理论的角度看，处理与领导的关系有诸多的方法，但关键是：对领导要努力

---

① 高达礼：《建立正常健康的机关人际关系》，https://mall.cnki.net/magazine/Article/ZOSJ200102002.htm，有删节。

做到尊敬和服从，积极主动，忠于职守，尽职尽责，不推不托，尽心尽力地完成好各项工作。在具体工作中注意把握好三条原则：一是要尽量随叫随到，因为领导交办的事情多数比自己正在干的事情重要或紧急，不是一般情况，领导一般不会随意点名找某个人。二是承办领导交代的事情要适当超前，与其拖拖拉拉挨批评，不如保质保量提前完成受肯定。这里有一个基本的规律：凡是领导交办的事情，不管是否有完成时限的要求，一定要打好提前量，以免被动。三是对领导要多请示，事情无论大小，都不能越权；多汇报，不管情况复杂还是简单，让领导知晓和掌握一切，取得领导的理解和支持；多反馈，事情在办理过程中，无论是好是坏，是喜是忧，都要及时反馈，善始善终，让领导做到始终心中有数。

在与领导打交道的过程中，有三对矛盾需要我们把握：一是参与—待命。参与，即主动与领导沟通自己的工作，并提出建议，这种方式做得多了，领导不胜其烦；待命，即完成领导的指令后，静候下一个指令，这种方式做得多了，领导觉得下属不够主动。二是独立—求助。独立，即遇到困难，不轻易向领导寻求帮助，而是独立完成任务；求助，即遇到困难，及时向领导求助，包括厘清领导意图，请求更多资源。独立过分了，容易做砸；求助过分了，容易显得无能。三是争取—让步。争取，说的是发现领导判断有误，据理力争；让步，说的是听领导的，哪怕领导的判断是错的。争取过多，让步过多，都会让领导不满。

机关干部在与领导相处过程中还要注意：一是千万不要遗忘领

导交代的事项。领导交办的事项再大，办好了都是应该的；领导交办的事项再小，遗忘了都会给领导留下不好的印象，甚至是不值得信任和栽培的印象。二是千万不要主动与领导套近乎。领导有领导的尊严和隐私，距离太近容易忘乎所以。《论语》里有一句话说："事君数，斯辱矣；朋友数，斯疏矣。""数"是"屡次"的意思。意思是说，如果你有事没事总是跟在国君（领导）旁边，虽然表示亲近，但离自己招致羞辱就不远了；你有事没事总是跟在朋友旁边，虽然看起来亲密，但离你们俩疏远也就不远了。三是千万不要在领导之间传闲话。领导各有各的特点和处事方式，不同的处事方式，没有好坏之分。所以，在领导之间传递闲话，即使传递工作上的意见，也要注意分寸，尽量互相补台。那些故意搬弄是非，想取悦双方、两头落好的人，注定会吃亏。四是赤诚善意提醒领导。金无足赤，人无完人。领导也会有缺点和错误。如果领导在工作中出现差错，要善意地提出来。提意见要注意分寸、场合，态度要诚恳、语气要柔和，方法要得当，最好是在没有第三人在场时提，目的是帮助领导改进工作，切忌背后议论甚至发牢骚。五是要有绿叶意识。工作中取得的成绩要考虑到是领导的正确指导和同志们支持、配合的结果，工作中出现的差错要多反思是不是自己的失误造成的。时时处处注意摆正位置，自觉奉献在默默无闻之处。当然，领导与下属之间，在工作上是领导与被领导的关系，在人格上则是平等的，对领导应该尊敬而不奉承，服从而不盲从，服务而不驯服，落落大方，进退有度，这样才能有良好的心态、行为和结果。

## 二、处理好与同事之间的关系

《太公兵法》说:"夫主将之法,务揽英雄之心。赏禄有功,通志于众。故与众同好,靡不成。与众同恶,靡不倾。"同事关系是机关干部面临的最重要的人际关系之一。同事关系是否和谐,对自己的工作、进步有很大影响。客观地说,人都有弱点和片面性。比如,看别人,容易求全责备;看自己,容易感觉良好。所谓求全,主要是盯着别人的缺点,求全是一种片面性。反过来,看自己,不少人又容易看优点多,不喜欢或忌讳别人对自己缺点提出批评或提醒。所以,公正客观地看待同事,就显得非常重要。同事之间朝夕相处,又处在同一层次,职务晋升、年度评优等利害关系最多,平时磕磕碰碰、是是非非也多。因此,同事之间的相互尊重、帮助和守信对营造和谐的机关环境就显得格外重要。一是尊重方面。对同事的尊重要体现在多发现其闪光点上,体现在学习其长处和优点上,体现在尊重其人格上,甚至也体现在正确对待和容忍同事的一些缺点和不足上。二是帮助方面。对同事的帮助要出于真诚,同事开口求援之时,无论是工作上或者生活上,能帮的一定要帮,绝不能袖手旁观;同事工作上虽有困难,但无求人帮助之意,是否给予帮助可视情况而定,委婉示意,对方默认则给予适度帮助,对方婉拒则不要勉强,以免伤对方自尊。三是诚信方面。同事之间不论大小事项,一定要诚信为先、相互补台,这样双方才能真心愉快地共事。否则,一次失信十次难补,既伤感情也影响事业。在领导面前,除对同事的重大原则错误要如实反映外，一般问题可通过相互谈心沟通解决，不宜到领导那里告状甚至添油加醋，否则既有损于别人，也贬低了自己，会让领导在心里对自己的人品打个问号。要站在较高的境界恰当地处理与同事的关系，努力实现"双赢"，不要计较一时一事一利，眼界要放得宽一些，标准要定得高一些，与其在小范围内与同事进行无谓的竞争，不如在提升自己上下功夫，在更广阔的大舞台上演绎自己精彩的人生。

在国家机关工作，有两种态度最容易损害同事关系：一是待人刻薄；二是算计别人。一个单位这样的人越多，人际关系就越复杂，"内耗"就越严重，工作效率也就越低。相反，大家都集中精力工作，不去关注别人的缺点，人际关系就会比较正常、简单，工作效率自然就会提高。所以，多琢磨事、少琢磨人，多向前看、少往后看，多当面说、少在后面议论，多换位思考、少本位至上，多补台、少拆台，多理解、少指责，多揽过、少争功是正确处理与同事关系的重要前提。在这种心态和前提下，要求我们每个机关干部努力做到以下几方面。

在对待组织和团队上，要以大局为重，多补台少拆台，不要背后议论同事的缺点，更不能与外单位人员品头论足、挑毛病，甚至恶意攻击，损害同事的外在形象。同事之间由于工作关系走到一起，要有集体意识，特别是与外单位人接触时，要形成"团队形象"的观念，互相支撑和支持，家和万事兴。

在对待分歧和意见上，要求大同存小异。同事之间由于经历、立场、受教育程度和知识水平等方面的差异，对同一问题，往往会产生不同的看法，引起一些争论，一不小心就会伤和气。因此，和同事有意见分歧时，一定不要过分争论，一个人接受新观点，客观上总要有一个过程，主观上往往还伴有"面子"心理，彼此之间谁也难服谁，此时如果过分争论，就容易激化矛盾而影响团结。面对分歧和意见，要努力寻找共同点。如果一时难以同意，不妨冷处理，暂时把意见保留下来，让争论淡化，待实践去验证。

在对待名誉和功利上，要有一颗平常心。许多同事平时一团和气，但遇到名利之争，就容易"当仁不让"或在背后互相谗言说风凉话。嫉妒他人的才华、名誉和成功，不仅影响身心健康，而且对工作、对他人也会造成一定的伤害。机关干部对待名利要时刻保持一颗平常心，淡泊静处，懂得与同事和谐相处，特别是与自己年龄相仿、学历相当、职务相近、级别一样的同事相处，要见贤思齐，而不能心生嫉妒，害怕别人超越自己。

在对待人际交往上，要适当把握距离。在一个单位，如果几个人交往过于频繁，容易形成表面上的小圈子，容易让别的同事产生猜疑心理，让人产生"他们是一伙""原来他是他的人""是不是他们又在谈论别人的是非"等想法。因此，同事之间的交往要注意保持适当距离，避免形成小圈子。古人云：君子之交淡如水。"淡"就是适度、中和与不偏不倚。"淡"容易分清是非，区别关系，建立健康向上的同事关系。

在对待冲突与矛盾上，要冷静处理。同事之间经常磕磕碰碰，发生矛盾和摩擦。为此，要多做换位思考，为他人多想想，尽量避免激化矛盾。如果已经形成矛盾，自己明显做得不对，要敢于放下架子，舍弃面子，学会道歉，以诚感人，退一步海阔天空，让一寸天高云淡。如果有一方主动打破僵局，就会发现彼此之间并没有什么大不了的隔阂。俗话说，"人同此心，心同此理"，就是这个意思。

**职场和平共处8项原则**

在处理同事关系时，以下做法值得借鉴：

一是忌向对方采用指令性强的言语和行为，多用建议性、协商性的语言和行为。

二是忌自作主张，替别人决定，哪怕是针尖大的事。多让别人感到是他自己在决策，哪怕结果与自己预料的相同。

三是古语云：礼多人不怪。只要别人出于好意，即使结果不如预期的那样，也要用"谢谢"代替责备。

四是不要舍不得肯定别人，公开场合少发一点过激的指责。即使对方有过错或者方法欠佳，也可以用建议代替指责，使人保全自尊或"面子"。

五是学会谢绝别人并宽容地对待别人的拒绝。先感谢或道歉，后婉言谢绝。被拒绝时，也应坦然；每个人都是自主和独立的，不可能完全"同步"。

六是给予越多，获得越多。一般而言，主动地帮助他人，大都会在自己陷入困境时获得帮助。

七是既有合作又有竞争，很多人往往在竞争面前损伤了过去的良好关系。设法营造公开竞争的氛围。公开化和透明度越高，就越能取得他人的信服、谅解和支持。

八是作为润滑剂，善意的小玩笑和游戏以及轻松的闲聊能使同事之间的关系变得相对较融洽。①

## 三、处理好与职能部门的关系

在国家机关工作，无论在哪种性质的处室或者科室，都要与本机关或外机关相关职能部门发生这样或者那样的关系。友邻关系的发生虽然不如前两种关系那样频繁，但仍然需要我们注意协调与沟通，做到相互理解与关注、相互支持与推进、相互调整与适应。在处理友邻关系时，要以大局为重，少讲条件，多讲协作，互相支持，争取各单位的理解和支持，以解决问题为第一要务，不求形式上的平等。要坚持互惠互利、平等协商，不能只求索取和接受服务，不求奉献和提供帮助。特别要在原则允许的前提下，以有利于工作为出发点，对于相互交叉的机关工作，要积极配合与合作，提供力

---

① 杨其骏：《职场和平共处8项原则》，www.cnki.com.cn/Article/CJFDTOTAL-SZDX201602017.htm。

所能及的帮助,为对方排忧解难,协助其较好地完成任务。

机关干部在处理这些关系的过程中,也要注意塑造自己在职能部门和同行心目中的形象,注意要认识、把握和设计好自己。工作着力点有:严于律己,宽以待人,培养良好的道德品质,发挥表率示范作用,赢得同行和同事的尊重、钦佩、信赖和支持。作风民主,大事讲原则,小事讲风格,广开言路,善于听取各方面的意见。既言之,则听之,再思之,择其善者而从之。善于协调,依靠出色的协调才能,增进一班人的团结与合作,使大家各得其所,各司其职,各负其责,互相合作,充分发挥整体效能。宽容大度,明确自己的角色定位,胸怀坦荡、宽以待人、善与人和、处事豁达,不仅能容人之短,不求全责备,能容人之言,海纳百川;而且能容人之过,大度宽容,晓之以理,动之以情,道之以行,给人以信心和力量;特别能容人之怨,不计个人荣辱得失,虚怀若谷,"大肚能容,容天下难容之事"。

## 四、处理好与下属的关系

在国家机关,工作成绩的取得、组织目标的实现、领导指示和意图的贯彻落实,最根本的要靠一线员工,离不开下级的努力与奉献。因此,上级要取得下级的支持与合作,就必须放下架子,谦虚谨慎,克服官僚主义,有效地调动下属的积极性、主动性和创造性。不能以为下属无足轻重,可随意操纵于股掌之上,而要以平等的心态尊重下属，以恰当的方式处理好与下属的关系，激发下属的工作积极性，变"要下属干"为"下属主动干"，从而提高工作的效率和质量。为此，一要关心下属。要经常过问下属的政治进步、生活待遇等情况，该解决的问题要及时解决，暂时有困难的要创造条件解决，该向上反映的问题要向上反映；不能只让马儿跑，压担子交任务，不让马儿吃草，忽视甚至漠视下属的进步和困难。二要爱护下属。下属多数会比自己年轻，资历较浅，工作经验不足，难免会出现一些差错。对此，不应一味求全责备，使下属无所适从，而要肯定其工作积极性和成绩，对问题善意指出，并提出改进办法，使下属心悦诚服。三要培养下属。对下属品德上要严格要求，业务上要悉心指导，既要以身示范，常讲做人做事的道理，又要教会开展工作的方式方法，着力提高下属的综合素质，为党和国家的事业造就可用之材。四要信任下属。下属在能力上有高低之分，业务上有强弱之别，但主观上都是想把工作干好，把事情办好，领导对此要给予充分信任，多肯定少批评，以增强下属的自信心，大胆放手让下属干工作。五要激励下属。人都愿意听好话，都有一种自我实现的需求。作为领导要善于运用表扬这一手段调动下属的积极性，使下属经常有一种成就感和自豪感，经常以一种昂扬向上的精神状态投入工作。总之，要以积极的心态辩证地看待下属，用下属之长，避下属之短，不能抱怨下属，求全责备下属，更不能打击报复下属。

总之，在国家机关工作，处理好以上四种关系，不要刻意和苛求，而要注意努力提高自身能力和素养，坚持高能力低调子，多贡献少索取，重工作轻名利。在法律和制度的框架内调整人际关系，在道德和公认的范畴内调和矛盾，既不无原则地一味谦让，也不无分寸地无休止争斗。与人相处中，还要注意学会保护自己，最好的办法就是增强责任感，忠诚于事业，坚持原则，廉洁自律，按政策和规矩办事情。

## 五、处理好与自己的关系

机关干部处理好与自己的关系，指的是培养良好的心理素质，保持健康的心理状态，这是机关干部切实履行工作职责、不断提升履职能力的客观需要，也是机关干部强化自身修养、不断完善自我的必然要求。

1946年第三届国际卫生大会认为，"所谓心理健康是指在身体、职能以及情感上与他人的心理健康不相矛盾的范围内，将个人心境发展成最佳的状态"，并提出了心理健康的标准：身体、智力以及情感十分调和；适应环境；有幸福感；在工作中能发挥自己的能力，过着有效率的生活。[1]心理健康是指个体在适应环境的过程中，生理、心理和社会性方面达到协调一致，保持一种良好的心理功能

---

[1] 牛晶:《领导干部心理健康与心理调适》，https://www.haowenwang.com/show/20df6af49c2a426d.html。

状态。其标准主要包括以下五个方面：一是具有良好的情绪体验，即能够有效控制并合理发泄情绪；二是具有健全的人格品质，即能够时刻保持人格的健全完善和人格的健康完整；三是具有正常的心理反应，即能够能动地适应和改善现实环境；四是具有清晰的自我认知，即能够恰如其分地认识自己、评价自己；五是具有和谐的人际关系，即能够及时协调妥善处理自己与不同对象之间的关系。①

目前，不少机关干部在心理健康方面不同程度地存在着一些问题，归纳起来有以下几个方面：

一是心理紧张而焦躁。有的机关干部面对一线工作既艰苦严峻而又复杂多变的生活状况和工作环境，精神经常处于高度紧张状态，深感工作压力大、风险责任大。对于环境适应能力和应急表现能力相对较弱者而言，显得尤为突出。有些人往往会因心理异常紧张而变得焦躁不安，最终导致其工作质量下降。

二是心理疲惫而倦怠。不少机关干部特别是一些领导干部，因频繁重复处理一线单调枯燥乏味而又无规律可循的工作，身心长期得不到有效放松和休息，久而久之自然就会有"头昏眼花、腰酸腿痛"等身体劳累之感，最终导致心理倦怠。

三是心理失衡而扭曲。作为一线机关干部，有时也难以在自己的工作、学习、生活及人际交往等方面达到平衡协调，实现统筹兼

---

① 黄梦其：《基层领导干部心理健康与自我调适》，https://wenku.baidu.com/view/8d77e8de4a2fb4daa58da0116c175f0e7dd1197b.html。

顾，以致局部失衡的现象时有发生。如有的为了工作不顾自己的身体、不顾家庭；有的习惯于讲关系、讲人情，人情大于法纪、关系大于原则；有的甚至为了一己之私利，不顾丢掉党性原则、不惜丧失人格尊严。

四是心理郁闷而脆弱。一方面，需要面对复杂的现实社会、承受巨大的工作压力、历经艰苦的生活环境；另一方面，由于自己在仕途进取、待遇落实、事业经营、人际交往等方面相对而言又往往处于某种弱势，这样一来，无疑会给一些自恃清高、优越的机关干部带来沉重的精神负担和心理失落感，继而产生空虚迷茫、无可奈何，甚至自我封闭、猜忌多疑等心态。有些人还会因长期得不到释放而导致抑郁，严重者甚至怀疑生命的意义。

五是心理侥幸而放纵。个别机关干部自认为"山高皇帝远""小错不伤大雅"，平时不注意自律，常抱侥幸的心理去做不该做的事情、拿不该拿的东西、去不该去的地方，总觉得"别人能做，我为什么不能"，结果在"不做白不做、不捞白不捞"等心理的驱使下腐化堕落。

机关干部心理健康产生问题的原因是多方面的，从客观上看，有来自工作、生活、竞争和家庭的压力，有来自权力、酒色、金钱等社会的诱惑，也有来自某些体制和机制仍然存在漏洞或缺陷的困惑。从主观上看，有的是精神支柱动摇，以致自卑、失落、郁闷、倦怠等不良心理情绪随之而至；有的是学习不够、能力有限，以致个人能力的积累与事业发展要求相比，处于明显的滞后状态；有的是对心理健康认识不足，认为心理问题就是精神疾病，就是精神不正常，故对心理问题刻意回避、讳疾忌医，更不会积极进行心理自救或寻求专业人士的救助。

机关干部处理好与自己的关系，就是要清醒地认识自我的身体和心理状态，特别是心理健康状况，要根据自己的心理状态，及时做好自我调节、自我减压、自我疏导和自我排解的工作，确保自己身心健康，愉悦工作，快乐生活。

第一，转变传统对待心理问题的观念。当前人们对心理疾病存在着误解，认为心理有问题就是"精神病"，对心理疾病避之不及，特别是机关干部出现心理问题时觉得很丢人，害怕自己的问题被别人发现，影响自己的仕途，日积月累，一般的心理问题演化成严重的心理问题，最后可能导致无法挽回的结果。所以加大对心理健康的宣传，改变人们对心理疾病传统认识，让机关干部与群众走出认识误区，遇到问题学会自救与寻求专业救治。

第二，学会使用积极心理描述。美国心理学家塞利格曼提出积极心理学的概念，指出心理学的任务是描述人们追求幸福的实际方法，而不是规定这些方法，并提出了幸福2.0的概念包括积极情绪、投入、意义、成就和人际关系。他用一种全新的视角诠释了心理学，积极心理学的目标是测量和发展蓬勃人生。积极心理学倡导使用积极的心态挖掘自己的潜力从而创造幸福的生活，享受完满人生。要注意在机关干部心理健康教育中倡导使用积极心态来改变消极的心态，矫正心理问题的同时挖掘每位干部的潜力，更好地为机关服务，为人民群众服务。

第三，培养积极健康的生活情趣。健康的生活情趣是机关干部必备的基本素质。对于工作繁忙、事情繁杂、任务繁重、学习与生活交疲的机关干部来说，保持健康的生活方式，以良好的兴趣爱好和适当的体育锻炼等方式来释放压力、调适心情，显得尤为重要。机关干部要在工作之余择善而交、重体育锻炼、融家庭娱乐以及勤参加舒适轻快、健康向上的各类群众性文体活动等。

第四，注意掌握必备的调适技巧。特别是面对挫折时，注意既不要为挫折所累，又不会为挫折所困。恰恰相反，要在全面认识挫折本质的基础上，从中吸取教训，调整自己的努力，积极参与新的竞争，提高自身抗挫折能力。处理压力时，注意在主动接受压力的同时，全面认识压力、分析压力，注意学会用放松、倾诉、自慰、宣泄、转移以及自我暗示和压抑升华等自我解压办法，合理调整并科学把握好情绪，努力做到在重重压力下从容应对。

第五，不断提升自身的调适能力。自觉地加强学习、实践和思考，是不断提升自我心理调适能力的基本途径。要学会学习思考，不断提升自身的是非辨别能力。要学会调节情绪，进行有效的自我控制和情绪调节，做到遇事不惊、处事不乱，始终保持沉稳平和、心理平衡的健康状态。学会运用方法，不断提升自身的沟通协调能力，采取交心通气、谈心谈话等方式，消除自己与同事之间的思想隔阂和工作分歧，达到自我调适心理的目的。学会尊重差异，始终坚持以开放的态度、宽容的胸怀、进取的精神、务实的作风，积极主动地进行自我调控，主观能动地适应新的社会环境和人文环境。

## 团队协调是机关生存的根本

从管理学角度讲，沟通协调是指在组织和团队中，各部门之间、层次之间、人员之间凭借一定的媒介和通道传递思想、观点、情感，交流情报、信息以及意见，以期达到相互了解、支持与合作，从而实现组织和团队目标的行为过程。团队协调是指组织运用各种方法，协商、调整行政系统内部各组织之间、人员之间、行政组织系统与其外部环境之间的关系，使之分工协作，相互配合，和谐有序地完成管理目标的过程。

### 一、团队及其特征

美国管理学大师斯蒂芬·罗宾斯认为，团队是指一种为了实现某一目标而由相互协作的个体组成的正式群体。一支高绩效的团队应该具备以下八方面特征[1]：一是明确的目标。团队成员清楚地了解所要达到的目标，以及目标所包含的重大现实意义。二是相关的技

---

[1] 袁勇、靳平：《团队绩效的优化协调与增益》，https://www.cnki.com.cn/Article/CJFDTOTAL-XTGC201301007.htm。

能。团队成员具备实现目标所需要的基本技能，并能良好地合作。三是相互间信任。每个人对团队内其他人的品行能力都确信不疑。四是共同的承诺。这是团队成员对完成目标的奉献精神。五是良好的沟通。团队成员间拥有畅通的信息交流。六是谈判的技能。高效的团队内部成员间角色是经常发生变化的，这就要求团队成员具有充分的谈判技能。七是合适的领导。高效团队的领导发挥的往往是教练或后盾的作用，他们对团队提供指导和支持，而不是试图去控制下属。八是内部与外部支持。既包括内部合理的基础结构，也包括外部给予的必要资源条件。

## 二、努力打造高效的团队

国家机关作为高效的社会组织，离不开人与人、人与组织以及组织与组织之间的沟通与协调。通过沟通协调，可以谋求党政机关组织系统内各成员在思想感情上的共识和理解，消除意见分歧和利益冲突，促进关系和谐；通过沟通协调，国家机关可以根据外部环境的变化，不断调整自己的需求，促使其与外部环境保持良好的动态平衡。团队协调渗透到政府管理的各个层面和每个环节，从一定意义上讲，团队协调是机关生存的根本。作为机关干部，协助领导和同事做好团队协调工作，是做人做事的根本。

多交流、勤沟通，构建和谐的机关部门间关系。通过部门间的交流和沟通，能有效促进部门间的配合、协调，避免推诿、扯皮、内讧和损耗。除了机关领导要为各部门提供沟通、交流的平台外，部门主要负责人和全体机关干部也要以强烈的大局意识和"一盘棋"思想，努力构建和谐的部门间关系。凡事做到讲团结、顾大局，不争孰是孰非、不争我高你低。工作上坚持职能上分、目标上合，责任上分、决策上合，无论是对本职工作还是对整体工作，无论是分内工作还是分外工作，都要以最大限度的进取精神、团队作风和协作态度，努力把工作做好。只有这样，部门间才能相互配合、融洽和联通。

畅言路、增活力，构建和谐的机关工作机制。作为机关团队，第一，要畅通进言渠道，让职工能说话。广泛开辟各种有效渠道，使职工有话能说，有言能谏。方法上，可以建立与职工有效的联系制度，召开"民主恳谈会"，利用网络手段，开设"对话室""领导信箱"等，开言路、听民意，广泛问计于民，问策于众。第二，营造民主气氛，让职工敢说话。参与权、知情权、表达权是职工参与管理和监督的保障。要不断研究探索政务公开的方法和途径，保证职工的知情权，落实民主决策、民主管理、民主监督制度，使职工参与管理的热情得到激发和调动。第三，完善工作机制，让职工说实话。要改革选人用人机制，完善目标考核办法，建立各种争先创优、责任追究等制度，保证说实话的人得到鼓励，干实事的人得到褒扬，搞歪门邪道的人得到惩罚，真正形成清风正气、朗朗乾坤。

抓难点、办实事，构建优美的机关工作环境。抓好团队协调，需要一定的外在条件。一要推进环境整治和标准化建设，规范办公秩序，改善办公条件，美化办公环境，更新维修办公设备和办公网络，提高办公硬件水平，努力创造整洁有序、节俭文明的办公环境。二要关注职工身心健康，注重人文关怀。丰富职工文化生活，通过各项文化、体育等比赛活动，内练素质、外争荣誉，改善工作人员精神面貌。要以机关文化建设为载体，进一步加强沟通交流，为职工提供相互沟通交流、娱悦身心和展示个人才智的平台，强化职工的集体荣誉感和团队精神。三要树正气、聚人心，调动大家的积极性、创造性。鼓励支持想干事的，表彰褒奖干成事的，把贡献的大小与提拔使用结合起来，不搞平衡照顾，使用那些有能力、有实绩、有作为的同志，让广大干部职工把心思集中在"想干事"上，把本领体现在"会干事"上，把目标锁定在"干成事"上。

# 第七讲：如何重视流程，把握细节

"过程"由阶段、环节和细节构成，表示时间上的连续性和空间上的耦合性。政府行政管理是连续的自然过程和社会过程。在国家机关工作，必须把握这些过程，做好各阶段、各环节的工作，这也是机关干部工作方法的基本要素。

过程源于态度，细节体现素质
想在领导前面，做在交代前头
把小事做细，把细事做透

"过程思想"是辩证法的基本思想,是黑格尔哲学思想的灵魂。恩格斯把"过程思想"称为一个伟大的基本思想。恩格斯指出,世界不是一成不变的事物的集合体,而是过程的集合体。世界的运动、变化、发展是一个过程,一切事物无不处在一定过程中。毛泽东同志也指出,"事物总是作为过程向前发展的"。"过程"就是事物由于内在矛盾所推动和外部条件所制约而呈现的运动、变化、发展的次序,是事物有限性与无限性相统一的存在状态,它表明事物发展的道路、状态与趋势。"过程"由阶段、环节和细节构成,表示时间上的连续性和空间上的耦合性。政府行政管理是连续的自然过程和社会过程。在国家机关工作,必须把握这些过程,做好各阶段、各环节的工作,这也是机关干部工作方法的基本要素。

## 过程源于态度,细节体现素质

　　关于事物发展的过程论思想,中外早已有之。列宁不仅把"过程"作为研究社会的根本方法,而且把"过程"作为辩证法的重要范畴加以强调。他指出,"以科学的态度研究历史的途径,即把历史当作一个十分复杂并充满矛盾但毕竟是有规律的统一过程来研究的途径"。毛泽东在《加强互相学习,克服固步自封、骄傲自满》一文的批语中也指出,"事物总是作为过程而向前发展的。而任何一个过程,都是由矛盾着的两个侧面互相联系又互相斗争而得到发展的。这应当是马克思主义者的常识"。所谓"过程",就是事物的有限存在和无限发展在时间、空间和条件上的辩证统一,是事物存在的基本形态和发展的必然联系的体现。事物发生、发展、完结的历史,就是该事物相对完整的过程。整个世界是总的系统过程,是无数过程的集合体;各个具体事物的过程又都是世界系统过程的一个部分或一个阶段。

### 从冯友兰的"人生的境界"说起

冯友兰先生根据他对中国哲学的体悟,曾把"人生的境界"做了"四等"之分,即"一本天然的'自然境界',讲究实际利害的'功利境界','正其谊,不谋其利'的'道德境界'和超越世俗、自同于大全的'天地境界'"。

人生境界问题不可回避。如同先进与落后的区别,同样是生活在社会中的人,的确有不同人生境界的区分。对于人生境界问题的关注,正是包含世界观、人生观、价值观在内的一定哲学研究的对象。柏拉图所要追求的是"哲学王"的"理想"之境，老子向往的则是"返璞归真"的"自然"之境，佛教徒致力修炼的是彻底摆脱尘世的"涅槃"之境，儒家士大夫心中的最高目标就是"圣贤"之境。西方新教伦理并不一般地反对禁欲主义，它主张通过商业活动等经济的方式实现与"上帝"同在的"永恒"之境。如前所述，冯友兰则把中国传统哲学对于人生境界的内在追求归结为"天地"之境。马克思主义哲学作为无产阶级及其广大人民的先锋队——共产党人全部世界观的核心和灵魂，不仅没有回避人生境界问题，反而给予彻底的回答。马克思在承认人们奋斗争取的一切都同他们的利益有关的同时，也深刻指出，由于人在本质意义上是"一切社会关系的总和"而非"单个人所固有的抽象物"，因而人生价值问题的存在及其实现最终都是一个"实践"问题，即只有在改造客观世界的过程中日益自觉地对自己的主观世界加以改造，才能真正赋予人生以最大价值，人生的境界也才能逐次提升。正是在这一意义上，毛泽东在《纪念白求恩》中指出的要做"一个高尚的人；一个纯粹的人；一个有道德的人；一个脱离了低级趣味的人；一个有益于人民的人"，就不仅成为每一名中国共产党人的人生价值坐标，实际上也为全体社会成员解决世界观、人生观、价值观问题提供了根本遵循。①

--------

① 张西立：《从冯友兰的"人生四境界"说起》，dangjian.people.com.cn/n1/2018/0912/c117092-30289425.html，有删节。

## 一、态度决定一切

国家机关工作生活本质上也是一个过程。机关工作过程贯穿于政府管理的全部历史,具有系统性与层次性的辩证统一、阶段性与连续性的辩证统一、有序性与偏离性的辩证统一,以及同一性与多样性的辩证统一等诸多特点。这些特点说明,从事物发生发展的角度看,国家机关存在的本身是一个过程,政府行政管理的诸多事项也是一个过程,在国家机关工作的机关干部本身的成长与发展,也是一个自然历史过程。

"过程"对于任何机关干部而言,都是同一的、不变的。但由于其中掺杂着不同的态度,于是过程与过程就有了不同,这个过程和那个过程就有了差别。有的干部的机关工作生活过程很精彩,留下许多物质和精神的财富及贡献,离任以后很受人尊敬和怀念;有的干部的机关工作生活过程很暗淡,仅满足于衣食住行、声色犬马,匆匆如过客,没有留下任何痕迹,离任后从来不被人记起和回忆。不同机关以及同一机关的不同干部之间之所以有如此大的差别,根本原因还在于态度,在于所追求的人生境界的不同。这种人生境界的追求,体现的首先是一种态度。

老子在《道德经》第48章中说,"为学日益,为道日损,损之又损,以至于无为,无为而无不为"。老子的这个人生修养过程,是在宏观的宇宙本体论的背景下提出的。"道"的宇宙本原、生命本体及价值本体性,是老子式人生修养的基本背景。老子式修养的前提是要"为道"。在老子看来,"道"是宇宙的本原,是万物之母,因而万物都具有道的本性。而"悟道"的过程,则是"损之又损"的过程。这个过程在生活实践中就是自觉地克损(一层一层地克损)自己的情欲,经过知止、崇俭、弃智、去欲这样几个环节,最终达到无私无欲(无为)的素(淳)朴境界。

这种悟道和克损的过程,彰显的是人生的态度。从一定意义上讲,国家机关工作的过程,也是悟道和克损的过程,在这个过程中,有的人把机关工作当成自己的事业,孜孜以求,劳其心智,勤勉努力,艰苦卓绝,最终成就了一番伟业;有的人把机关工作当成自己的职业,工作仅仅是为了养家糊口,别无他求,做一天和尚撞一天钟;有的人把机关工作当成自己的副业,上班时间干私活,晚来早走,对付工作,应付领导,对机关的事情从来无所用心。所以,对于广大机关干部而言,把握机关工作的过程,首先要端正自己的态度,把机关工作当成自己毕生追求的事业来干,而不是仅仅当成职业来干,更不能当成副业来干。

## 二、细节成就未来

在机关工作,仅有好的态度还不行,还要有好的方式方法和客观条件。从根本上说,起决定作用的还是好的态度。把好的态度落到实处,体现在工作中,落实在行动上,其中最关键的一点要善于抓过程,善于在细节中彰显自身的素质和个人价值。一个不经意的细节,往往能反映出一个人深层次的修养素质。有的人会有扫天下而不扫一屋的心理，他们往往愿意做大事而对这些小节不屑一顾，实质上这是极其错误的想法。作为一名机关干部，首先要注意自己，因为在很多场合自己就是机关形象的代表。当然，展示完美的自己很难，需要关注每个过程和细节；但损毁自己很容易，只要一个细节没注意到，就有可能给自己带来难以挽回的影响。一些不经意中流露出来的"小节"，往往能反映一个人深层次的素质和涵养。所以，对待细节一定不能马虎。

对待细节和小事，一要高度重视，二要极度关注，三要耐心做好，其中体现的不仅是素质，往往还决定着事业的成败。周总理常常强调"关照小事，成就大事"。他要求身边工作人员，尽可能地考虑到事情的每个细节，最反感"大概""可能""也许"的做法。周总理正是以这种一丝不苟的精神，不仅赢得了中国人民的爱戴，同样受到国际友人的尊敬。美国前总统尼克松说："对于周恩来来说，任何大事都是从注意小事入手这一格言，是有一定道理的。他虽然亲自照料每棵树，也能够看到森林。"[①]有的人以为只有做了大官才能做大事，或者只想做大官，不想做大事，最终肯定成就不了大事，反而连小事也做不好。有的人认为官越大越好当——讲话稿有人写，主持词有人念，出门有人提包，出行有人开车，吃饭有人安排，生活有人照料，发号施令就行了，小事是别人应该干的。殊不知，这种人即使当了大官，也干不好，自然也就干不长。

---

① 汪中求：《细节决定成败》，新华出版社2004年版，第7—8页。

# 想在领导前面,做在交代前头

针对不同风格的领导,机关干部要仔细甄别、区别对待,不能用一个尺度去衡量和对待所有的领导。无论针对哪种风格的领导,在具体工作中,想在领导前面,做在交代前头是至关重要的。日常工作中,我们不难看到这样的现象:有时领导急着要材料,工作人员却迟迟拿不出来,不是找不到,就是没去找;有时领导要求提前为下一步工作提出预案,工作人员却抓耳挠腮,理不出头绪;有时领导决策急需意见和建议,工作人员却"顾左右而言他",讲的都是假话和废话;有时领导要出门,所预订车辆迟迟来不了;有时领导有公务约会和洽谈,但基本信息却没有及时送上。"说了才能干,催了才能办,推了才能转",甚至"说了还不干、催了还不办以及推了还不转",等等,客观地讲,这些现象,是机关工作之大忌。作为机关干部,要在短时间内赢得一席之地,正确和有成效的做法是凡事主动出击,闻风而动;凡事想在领导前面,做在交代前头。

**领导者的风格**

《情商》的作者丹尼尔·戈尔曼把领导者归纳为六种不同风格。

一是有远见的领袖。这种领导方式中要激励一群人以更高的个人动机水平执行任务,理想的是与他们分享最终想法而无须指出接触过程。因此,他们每个人都有机会探索什么是超越以达到最终目标的最佳方法,并且在此过程中会受到激励。

二是私人教练。这种领导形式是基于领导者积极倾听每个参与者的想法和目的。通过对每个人的照顾,领导者也有机会激励他们实现自己的愿望,这极大地促进了公司每个参与者的个人成长。

三是联盟领导。这些类型的领导者负责创造公司所有成员之间的有意义的联系,目的是使他们可以更充分地理解彼此,并以更高的生产率实现目标。这种领导的主要思想是减少工作环境中人际争斗可能产生的压力。如果所有工人都能以更和谐的方式进行联系,那么效率将更高。

四是民主领袖。民主领袖平等地听取小组成员的所有想法和意见,一开始就给予每个员工同等的重视。与一群人进行首次接触进行项目时,这是一种非常可取的方法。使用这种方式的领导者鼓励所有人积极平等地参与,让他们觉得没有人比任何人都重要,并考虑到他们所有的想法和能力,以实现相关项目。

五是控股领导人。控股领导人负责提出要以相当明确的方式实现的目标,而不会引起工作人员的参与;此外,他通常以做事方式为榜样。选择这种方式作为旗帜的领导者通常会取得良好的短期结果,但是随着时间的流逝,员工往往会变得缺乏动力,在这种领导风格下他们的表现不会达到最佳。

六是专制领导人。这种方式专注于给出必须严格遵循的精确指示，而没有机会参与将用于执行过程的方法。建立这种领导方式有助于将安全性传递给团队，这是减轻经验不足的成员的恐惧的好方法，因为他们看到领导者中有足够的知识来带领他们成功。①

## 一、主动与超前是制胜法宝

一般认为，个体和组织的工作绩效，主要根据任务或目标所达成的程度来衡量。与这一标准对应的工作模式特征是：员工仅仅完成他们被指派的任务；工作任务聚焦于当前，缺乏对未来的关注；员工常常由于遇到困难而停滞不前；员工被动地对环境做出反应。这种模式是比较典型的被动工作模式，应该说，从事任何具有创新性的工作，抱守这一模式是远远不够的。20世纪90年代初，国际应用心理学会主席弗勒斯教授提出了个人主动性（Personal Initiative，PI）的新型工作模式，并形成了一股强大的潮流，成为当前国家机关、企事业单位广泛运用的一种工作模式。该模式认为，积极雇员的典型行为特征包括自我效能感、负责、积极寻求反馈等。其主要观点是，工作中的人们能够超越所分配的任务，能够发展他们的目标或确立自己的目标，人们有能力从长远的角度来看待工作的结果。简言之，个人主动性就是个体采取积极和自发的方式，通过克

---

① https://zh1.warbletoncouncil.org/modelos-de-liderazgo-goleman-5656.

服障碍与挫折，完成工作目标和任务的行为方式。

该模式有三个维度：一是自发性。自发性意味着在没有明确指示和角色要求的情况下，员工完成了一些任务。因此，它是一种对自己设定目标的追求。比如，科长自发采取一种管理策略来提高其部门效率。二是前瞻性。前瞻性意味着一个长远的视角，员工因为考虑到机关将来的事情而预先做一些工作。当问题与机会来临的时候，他们就可以有效地处理。三是克服困难。当员工采取主动行为时，克服困难对于达到目标是必需的。一般而言，个人主动性意味着一个程序、任务被增加或删改，它常常会遇到失败甚至倒退，这就需要不断克服困难、坚持到底。这就是说，主动地工作、超前地考虑工作中的问题，是提高工作绩效、达成工作目标的最有效的方法。

## 二、主动与超前的内在特征

对于广大机关干部而言，在国家机关主动和超前地工作，一般有以下要求：

一是率先。即首先想到和做到的意思。比如本机关要做的事情，如果你首先想到并向领导提出建议，然后由领导决定采取行动，就是主动性的表现；或者当你知道领导要做什么事但还没有向你布置时，你已经做好了充分的准备，这也是主动性的表现。这两种情况，都是机关干部十分重要的行为品质。

二是自为。即我要干的意思。正如人们通常所说的,"我要干"就属于主动,而"要我干"就属于被动。把单位的事当成自己的事,把机关的事当成自己的大事,把做事当成发挥自己聪明才智和自我实现的机会,都属于"我要干"的范畴。这种由自发到自觉和自为的状态,是心理层次上的高级发展状态。

三是投入。即干事劲头足,心无旁骛,忘记了其他事情的意思。一个人做起事来如果兴趣十足、全力投入,就是乐意干并有信心的表现,实际上也是积极性、主动性的表现。这是行为表现上的特征。

四是为他。机关干部与服务对象之间的关系,是提供服务与接受服务的关系。机关干部提供的服务都是直接"为他"的,而不是为己的。所以,机关干部主动性的取向,必须同单位的需求(或进取方向)保持一致,这才是有价值的主动性。"为他"的主动性,属于集体主义和提供公共服务的范畴。这是价值层次上的特征。

五是效果好。工作主动性要与最终效果联系在一起。有时某人提出某项工作建议,被领导采纳并取得实际的效果。他之所以能够提出这种建议,说明他平时能主动关心单位的大事、要事,想领导之所想、急领导之所急,否则是难以提出好建议的。由此可见,主动性同积极性、创造性又密切联系在一起,有时往往融为一体。

当然,工作中做到主动与超前,需要一定的外在环境,客观环境不好,主观环境恶劣,员工不可能有工作的主动性和超前性。这就要求各级国家机关,特别是机关领导,要善于为广大工作人员创造积极、宽松、自组织的工作环境和氛围。要信任下属，适当合理地授权，帮助团队成员更好地协作，发挥个人优势，焕发团队工作的激情。

### 三、掌握主动与超前的艺术

在国家机关工作，培养和掌握主动与超前的艺术，需要把握以下几个方面。

**（一）服务意识超前**

要具备三种能力：一是见微知著的观察力，能"冒一芽而知春，落一叶而知秋"。从当前事物的变化中看清发展的趋势。不能仅仅局限于领导的吩咐，而且要考虑领导的全盘计划，从眼前之事着手，为事业整体发展出谋划策、打下基础。二是大胆开阔的思考力。思考问题不仅要随机应变，出奇制胜，还要全面、周密，针对事情发生的各种可能，提高工作的预见性，想在领导之前，谋在领导之先，当好领导的"外脑"。三是分辨是非的决断力。机关干部既要合领导的"拍"，又要走自己的"路"，凡事不能是非不分，盲目听信，对领导的意图要深化理解，提出新的工作建议。靠真才实干赢得领导赏识，不靠唯命是从乞求领导的庇护。机关工作人员具有超前服务意识，平时要注意收集、整理、记录，积累各种资料和数据，摆脱工作中的被动，满足领导工作的需求。

## （二）深入了解领导

与领导建立起良好的关系。俗话说，"解铃还须系铃人"。机关干部工作的被动性因服务不同的领导而产生。所以，化被动为主动，必须首先从领导着手。对机关工作人员而言，最神秘、最重要的能力是了解领导、分析领导并对领导施加影响的能力。比如给领导写讲话稿不仅要以领导的口气写出来，而且要符合领导本人的讲话习惯，这样才能赢得领导的赏识，提高自己在领导心目中的地位。

曾担任毛主席机要秘书的高智同志在其回忆录中有这样一段话：在领导身边工作，除了做好办文、办电、接待等日常工作外，还应该耳灵、眼快、办事敏捷，决不能拖拖拉拉，要做个有心人。他说：相处日久，我渐渐了解了主席，能够体察他的心思了，主席这段时间考虑什么问题，要什么文件，做什么事，我心里都有数。我喜欢穿兜子多的制服，每个兜里都装些材料，毛主席要不同的材料，我往往可以立刻从不同的兜里掏出来，马上交到他手里。高智与毛主席不仅是同志关系，还是朋友关系，他们有共同的情感和语言，在工作中容易达成一致，形成默契。可见，通过了解领导、熟悉领导，与领导建立起良好关系，摸透领导的心思，想领导之所想，主动配合领导，才是做好机关工作的根本之道。

## （三）主动请示汇报

争取领导的重视和支持，是发挥机关干部作用的前提。主动请示汇报包括两个方面：一是主动把最新的情况和进展汇报给领导，让领导掌握全面情况，同时，把遇到的问题与困难向领导说明，征得领导的指示和点拨。二是根据工作安排，主动请领导出题目、下任务，根据题目和任务，主动加强与各机关、各部门、各单位的联系和沟通，团结各方面力量，争取配合和支持，共同完成工作任务。

（四）默默开展调查

调查研究是成事之道、谋事之基、参政之源、管理之本。凡事未雨绸缪、提前介入，调查在前、研究在前，唯其如此，才能参在关键处、谋在要害上。在领导出题目、下任务前后，都要悄无声息地主动开展调查研究，掌握各方面情况，特别要把基层的情况摸深、摸透，这样得出的结论、提出的方案和建议才有生命力和发言权。

（五）有效管理时间

有效管理时间即合理利用时间。在机关工作，由于组织运转的节奏有张有弛，机关干部工作也疏密有度。每天、每时的工作量都有不同。每个人拥有的时间都是等量的，但每个人完成工作的好坏程度却不尽相同，关键在于怎样管理和利用时间。有的人不是消极等待，就是疲于奔命；而有的人则把工作安排得有条不紊，忙而不乱。之所以能把多、繁、杂、乱的工作"演奏成为一曲和谐轻松的欢乐乐章"，关键在于平时能有效利用时间，积累各方面资料，掌握工作的主动性。

## 把小事做细，把细事做透

老子说过："图难于其易，为大于其细。天下难事必作于易，天下大事必作于细。是以圣人终不为大，故能成其大。"在机关工作，要想"成其大"，要想有所作为，必须从小事和细节做起，只有把小事做细、细事做透的人，才能登上光辉的顶点。

### 一、成就取决于小事

"泰山不拒细壤，故能成其高；江海不择细流，故能就其深。"所以，大礼不辞小让，细节决定成效。"在中国，想做大事的人很多，但愿意把小事做细的人很少；我们平时不缺少雄韬伟略的战略家，缺少的是精益求精的执行者；决不缺少各类管理规章制度，缺少的是规章条款不折不扣的执行。我们必须改变心浮气躁，浅尝辄止的毛病，提倡注重细节，把小事做细……"[①]这段话指出了我们工作中的通病，现实生活中，太多的人总不屑于小事，太自信"天生我材必有用，千金散尽还复来"。殊不知，现实生活中大量的人，几十年奋斗与抗争，最终都只能是个普通人；而任何伟人，在现实

---

① 汪中求：《细节界定成败》，新华出版社2004年版，第39—40页。

生活中也都是普通人，普通人大量的日子，都是在做一些小事，不可能总是在轰轰烈烈地干大事。所以，假如每个人都能把自己所在岗位的每一件小事做好、做到位，就已经很不简单了。因为再大的事情，都必须从小事做起，先做好每一件小事，大事才能顺利完成。细节的实质是什么？其实就是一种长期准备，从而获得机遇。此外，细节是一种习惯、一种积累，也是一种眼光、一种智慧。关注细节就是要善于发现问题、提出问题，从而寻求解决问题的方法。重视小事、关注细节，把小事做细、把细事做透，揭示了"伟大与平凡"相互转变的真理。

作为国家机关干部，要想比别人更优秀，只有在每一件小事上下功夫。不能只看到别人的成功与辉煌，却不关注他们工作的艰难过程、巨大的付出和对细节与小事的用心。对于敬业者来说，凡事无小事，简单不等于容易。人与人之间在智力和体力上的差异并不是想象中的那么大。很多小事，自己能做，别人也能做，只是做出来的效果不一样，差别就在于细节上的功夫。看不到细节，或者不把细节当回事的人，对工作缺乏认真的态度，对事情只能是敷衍了事。这种人无法把工作当作一种乐趣，只能永远做别人分配的工作，甚至连这些工作也做不好。而考虑细节、注重小事的人，不仅能认真对待工作，将小事做细，而且注重在做事的细节中寻找到大的机会，从而使自己走上成功之路。

所以，认真做好端茶、倒水、送报以及拟制文电、接待等琐碎的小事，干好别人不愿干的工作，是机关干部成就事业必备的素质和作风。如果平常拒绝做小事，想要在关键时刻创造辉煌，那是痴人说梦。只要我们有认真的态度和求实的作风，脚踏实地、扎扎实实做好每一件小事，干好每一件不起眼的工作，那么胜利和成就必然会向我们招手。

## 二、成功铸成于小节

细节是生活与事业中一些很小的闪光点，但它的作用却不可低估。有些人奉行做大事，认为自己高人一等、胜人一筹，从而忽视小节，结果不但没有提升自己，反而更加失败。因为他们不明白，浩瀚的大海是由一滴滴水融汇而成，茂盛的森林是由千百棵大树连接而成，骄人的战绩更是由无数细小的成功凝聚而成。而水滴之所以能融汇、大树之所以能连接、战绩之所以能凝聚，靠的是内在的品性，靠的是"小节"。作为国家机关干部，要成就自己的事业，必须关注自己每天面对的一件件小事，必须重视自己表现出来的一个个"小节"。

一要摆正心态。摆正心态，甘为人梯和绿叶；常怀律己之心，有所为有所不为。在别人的尊重下更加自重，在别人的恭维声中保持清醒。同时，平常心是积极人生，背后含着对工作的敬意和投入程度。凡事以平常心对待，不以物喜、不以己悲，闲看天上云卷云舒、静观窗前花开花落。

二要慎思慎言。"术自心来，心正术正，术正气正。"慎思，就是要时时检查、反思,在反思中不断提高自己,避免积小错而累大祸,努力培养良好的政治品德。慎言,就是要管住自己的嘴巴,做到违背原则的话不说、有碍大局的话不说、不利于团结的话不说、不负责任的话不说、伤害别人的话不说,把握言必深思、言必有理、言必有据、言必有信的基本原则。

三要淡定对待权力。机关干部在机关负责某一方面的工作,甚至一个处主管全国某方面的行业政策。绝不可因此而忘乎所以,盛气凌人,官气十足,找不准自己的位置,动不动以"影响国民经济的五大处长"或"支撑西部大开发的三大铁算盘"等自居。相反,更要淡定认识自己的职责、分工、权力与要求,清醒认识到权力的暂时性和异动性,自觉保持百姓本色,做到平等待人、平易近人、公正处事。

四要小心把握尺度。把握尺度是机关干部的必备功夫,尺度掌握不到位,或者乱了分寸,必然会给工作带来不利影响,给自身发展制造前进的障碍。在自我认知上,不能把自己当"官"来看待,更不能官气十足。在具体工作中,要做到站位更高一点,操心更多一点,出力更大一点。在工作态度上,要牢记"在平凡中孕育伟大,朴实中追求神奇"的真理,自觉做到说老实话,办老实事,做老实人。

五要凡事周到细致。在机关工作,承上启下,协调左右,联系内外,许许多多的矛盾在这里汇总,如果不认真细致地做好每一个环节的工作,粗枝大叶,就必然出岔子。这就要求机关干部要有精益求精的工作态度。如在拟制文电时,要字斟句酌,认真推敲,对每一个字、每一个标点符号都要认真校对；在安排工作时，要全面周到考虑问题，不能丢三落四，顾此失彼；培养按照程序办事的工作习惯，守规矩、守制度，特别对于涉密事项必须守口如瓶。始终保持清醒的头脑，善于分辨是非，遇到问题多请示、多汇报。

六要不辜负领导的信任。笼统地讲，机关用人，在坚持"德才兼备、以德为先"的前提下，更注重程序原则、数量原则、质量原则、环境原则和信任原则。而信任原则，是其中最为重要的原则。机关干部在国家机关，之所以负责某一方面的工作，首先是因为领导的信任。有了信任，才有工作的机会和在工作中寻找机遇的机会。所以，机关干部不能因为深受领导信任就沾沾自喜，感觉高人一等。相反，要把信任当压力、当动力。更加严格要求自己，做到讲政治、讲正气、讲廉洁、讲操守，管住自己，注重小节，养成严谨的生活态度，真正做到对领导负责、对机关负责、对事业负责、对自己的前途负责。

# 第八讲：如何及时复命，提高绩效

> 复命的目的在于打造以结果为导向的执行模式。复命是一种积极主动的执行文化，是一种源自内心的价值理念，也是一个人的基本行事方式。复命是机关干部自我修炼、雷厉风行、对结果负责的开始，也是运用工作方法、提高工作绩效、使自己与机关和谐共存的行动指南。

随时请示汇报

执行高于一切

平凡中见卓越

"复命"是在规定的时间内完成任务、兑现承诺,并向组织和领导报告结果的行为或者举动。复命不是简单交差,其本质是请缨而不是推卸责任,是创造任务而不是制造麻烦,是执行任务而不是拖延时间,是完成任务而不是不了了之。[①]复命的目的在于打造以结果为导向的执行模式。复命是一种积极主动的执行文化,是一种源自内心的价值理念,也是一个人的基本行事方式。复命是机关干部自我修炼、雷厉风行、对结果负责的开始,也是运用工作方法、提高工作绩效、使自己与机关和谐共存的行动指南。

## 随时请示汇报

复命有多种途径和方法,请示和汇报是复命的重要表现形式。一个国家公职人员,要做到职责第一,复命至上,首先要学会随时向领导请示汇报。请示汇报不仅是机关工作的运行程序,也是维护

---

① 赵琛:《复命——打造以结果为导向的执行模式》,蓝天出版社2006年版,再版序言。

领导权威、体现领导地位、推动工作顺利开展的重要环节。一个人在国家机关工作，如果不学会请示汇报，就无法与领导和同事友好相处，事实上就不适合在国家机关工作。

## 一、请示工作的注意点

无论是机关的新同志，还是老同志，都会遇到如何向自己的上级和组织请示工作的问题，以下几点，值得我们关注。

### （一）筛选请示事项

无论是在业务部门还是综合部门，每天都有大量的工作要做，也会遇到许多问题需要研究解决，哪些问题需要请示，哪些问题不需要请示，要认真筛选。该请示的不去请示，是失职或者越权；不该请示的，事无巨细都去请示，又会分散领导精力，影响领导处理大事。一般地说，向领导请示的事，应该是事关全局的事，牵涉到领导自身的事，领导分管的事，需要协调的事，涉及友邻的事，或者是突发事件以及下级难以处理或无权处理的事情等。

### （二）对口逐级请示

对口请示，不要多头请示。具体来说，属于组织工作要请示分管组织的领导，属于宣传工作要请示分管宣传工作的领导。如果一件事情请示几位领导，大家的意见又不一致，事情就不好办。如果一项工作与几位领导有关，可经主管领导同意，分别征求几位领导的意见，并把他们的意见综合起来，向主管领导汇报，请主管领导拍板。请示中还要注意遵循逐级的原则，不要越级请示。请示工作应从直接领导开始，直接领导能答复的按直接领导的意见办；答复不了的，由直接领导请示上一级领导，或由直接领导授权秘书向上请示，切不可抛开直接领导去请示上一级领导。越级请示汇报会带来许多问题，比如挫伤中层领导的积极性，造成高层领导与中层领导之间的隔阂甚至冲突，产生对自己工作不利的因素，等等。

（三）做好充分准备

向领导请示不同于记者招待会，我问你答。请示前要进行必要的准备，通过翻阅资料和调查研究，把问题产生的背景、基本情况及相关政策搞清楚，做到心中有数。其中，特别要注意：一是不能违背事实。实事求是不仅是思想路线问题，而且是思想方法和思想意识问题。个别人对此不以为意，在请示工作时有意无意地脱离了实际。有的甚至夹杂个人的东西，这是不行的。二是不能照本宣科。不能把上级的文件或下面的材料拿来照念，这样虽然保险且又省事，但效果欠佳。如果能在事情本来的面貌上高度抽象，用凝练的语言表达出来，就能给领导留下深刻的印象。三是不能主次不分。许多人意识到面见领导是一次展示自己才能的机会，因此，请示工作时反反复复地自我表白，结果不知不觉偏离了主题，脱离了方向。领导的时间是有限的，在百忙之中能坐下来洗耳恭听请示，本身就是一件不容易的事情。如果迟迟道不出主题，说不到正点，必然产生不良的结果。

（四）摆正自己的位置

向领导请示工作的过程，也是充当参谋助手的过程。在请示领导的同时，领导也往往让你谈对该问题的看法和处理意见，这时可以谈自己的倾向性意见，有时要提出几套方案供领导选择。在提建议时要注意摆正自己的位置，要始终明白只有建议权，没有决策权。当自己的意见同领导的意见不一致时，要服从领导的意见，不能固执己见，更不能抛开这位领导去请示别的领导。向领导提建议，时机要适当，态度要谦和，语言要得体，不可鲁莽行事。要注意既不先声夺人，强制领导接受自己的看法和意见，又不丧失主见，能给领导提供科学合理化的意见和建议。

（五）不篡改领导的意思

机关干部在工作中不仅要做好请示的工作，而且对领导的指示要传达好、贯彻好。对领导的指示要全面准确理解，不能从自己的好恶出发，断章取义或歪曲原意；不能阳奉阴违，适合口味的就执行，不适合口味的就不执行。在执行过程中，允许创新，这种创新应该有利于更好地贯彻领导的指示，而不是相反。领导的指示，有时需要向下传达，传达时既要准确、客观，又要注重效果。有时领导对你熟悉了，说话比较随便，如对下边报来的材料不满意，可能当着你的面发脾气，说一些过头话，在向下传达时，不能像录音机一样，原原本本地传达，而要把口气变一变，既传达了领导指示精神，又不会造成领导与下级的隔阂。

## 二、汇报工作的着力点

汇报工作是一定时期、一定阶段的工作总结，也是下一阶段工作任务的开始。汇报有口头、书面、影视等不同的形式，应用相当广泛。汇报工作对于建立信息交流制度、把握事态发展、决策未来行动、实施具体方案，具有十分重要的作用。

### （一）汇报工作的基本方法

原则上说，凡是领导交办或委托办理的事项，无论大小，是否圆满，都要及时、如实地汇报。其基本方法：一是厘清思路。汇报前，要冷静分析工作过程，先说什么，后说什么，哪些问题要简述、哪些问题要详说，必须理出思路，或者写出汇报提纲。二是突出重点，抓住要害。要害问题往往关系工作全局，汇报重点，也就是汇报了工作全局。三是删繁就简。汇报时要把一切不必要的话语从汇报中删除，做到简洁明快，不做无谓的拓展和借题发挥。四是征求意见。领导对下属的工作汇报，大多会有一个评断，从领导的评断中可以把握领导意图，领会下一阶段工作重点和工作任务。

## （二）汇报工作要把握的重点

汇报工作是专门的艺术，需要一定的技巧，要把握以下重点：一是结果先汇报。汇报时首先汇报结论，然后介绍经过及其他需要补充说明的情况。结果汇报必须事实可靠，不能随意加上自己的主观判断和推测。二是要把握"度"。"度"的把握主要依据工作性质、进展情况以及和领导的关系程度。要视具体情况灵活安排，总体要求是，用合理的形式汇报核心的内容。三是掌握汇报喜忧的分寸。原则上说，向领导汇报工作，必须实事求是，是喜说喜，是忧说忧，不夸大成绩，不缩小缺点。但原则不等于技巧，原则不能代替方法。向领导报喜或者报忧，原则上应注意只谈自己，不谈别人。客观地讲，一个人对自己的所作所为最有发言权。不管是忧还是喜，是成绩还是失误，只要是自己的经历，汇报时往往就能切中要害。四是切忌揽功推过。汇报工作最大的忌讳是揽功推过。揽功，就是有意夸大自己的作用和贡献；推过，就是把工作中的过错和应承担的责任推向别人，采取这种态度和做法的人往往处心积虑、心态不良，最终是会遭人唾弃的。

# 执行高于一切

复命，打造的是一种以结果为导向的执行模式。毛泽东同志在

《党委会的工作方法》一文中说：

> 要"抓紧"。就是说，党委对主要工作不但一定要"抓"，而且一定要"抓紧"。什么东西只有抓得很紧，毫不放松，才能抓住。抓而不紧，等于不抓。伸着巴掌，当然什么也抓不住。就是把手握起来，但是不握紧，样子像抓，还是抓不住东西。我们有些同志，也抓主要工作，但是抓而不紧，所以工作还是不能做好。不抓不行，抓而不紧也不行。

"抓紧"说的是工作落实问题，也就是执行力问题。李克强总理在2022年的《政府工作报告》中指出，"要始终把人民群众安危冷暖放在心上，察实情、办实事、求实效，及时回应民生关切，坚决严肃处理漠视群众合法权益的严重失职失责问题。要充分发挥中央和地方两个积极性，尊重人民群众首创精神，防止政策执行'一刀切'、层层加码，持续为基层减负。健全激励和保护机制，支持广大干部敢担当、善作为。全国上下毕力同心、苦干实干，就一定能创造新的发展业绩"。毕力同心、苦干实干，就是要进一步提高政府执行力、提高行政效能。

## 一、执行力就是竞争力

执行力是机关干部执行上级决策、具体办事和解决实际问题的能力。通俗地讲，就是"抓落实"。执行力是一种自觉的理性力量，是一种理性的服从精神。这种理性力量，这种服从精神，只有在对事物的全面把握和对决策的全面理解基础上，借助个体和组织的力量，才能全面显现出来。企业经营管理的大量实践证明，决定企业成败和竞争力的有两个关键因素：一是做出正确、合理的决策，特别是有关企业生存发展的战略决策；二是激励员工的主动性、积极性和创造性，即提高执行力。战略决策是解决企业对环境变化的适应性问题，企业要具有竞争力，实现持续生存发展，必须适应环境的变化。而执行力是解决企业内部的协调和效率问题，执行力不强将会影响战略目标实现的程度。在正确的战略决策前提下，执行力越强，竞争力越强；执行力越弱，竞争力越弱。执行力的强弱影响战略目标实现的程度。

政府管理与企业管理一样，战略决策和工作规划确定以后，执行就是关键性因素。一般来说，执行力包括领悟能力、计划能力、协调能力以及创新能力等诸多方面内容。从主要特性上看，执行力具有主动性、细节性、及时性和时效性等特点。一个部门和单位的竞争力主要由产品、技术、战略、人员和服务等要素构成，而执行力是构成该部门和该单位竞争力的核心要素。在当今时代，政府的生命在于效率，而效率的产生在于执行。执行力已成为当今政府管理的效率之源、竞争之本。同时，执行力还是创新力。各级政府机关干部的创新力，一般是指各级政府机关干部在工作中能想别人所未想，见别人所未见，做别人所未做，提出新见解、发明新办法，克服常人或前人所克服不了的困难,解决常人或前人解决不了的问题,实现政府工作的新突破这样一种状态。创新能力能够促使各级机关干部发现新事物、解决新问题、做出新成果,是各级机关干部智力开发的最高表现形式,是机关干部诸多能力的核心部分。因此,掌握机关工作方法,做好行政管理和服务工作,必须大力提高执行力。

## 二、执行力不高贻害无穷

政府管理失败通常由两种原因导致:一是战略目标制定错误;二是执行不力。在国家机关,从领导者、中层干部到基层每位员工,无时无刻不处在一种"执行过程"中,而执行过程中体现出的态度、能力、速度、理念、品质、应变等因素,决定了国家机关工作的绩效。从总体情况看,当前政府的执行力还比较高,特别是在政令畅通、贯彻落实等方面,能做到全国一盘棋,但在一些地区和部门以及部分机关干部中,执行力低下的状况也值得我们高度关注。

一是政策水平差,执行本领不强。有些机关干部轻视理论、忽视学习、漠视新知识,对党和国家的大政方针、重要决策不甚了了。有的虽然也讲学习,但往往是浅尝辄止,或者坐而论道,夸夸其谈,与学以致用、用以促学相去甚远,执行本领与形势任务不相适应。

二是不思进取,执行责任意识差。有些机关干部胸无大志,既无争创一流的心气，也无求上进、有作为的意识，更无敢闯敢干、改革创新的精神；怨天尤人，工作缺乏主动性和创造性，只求过得去，不求过得硬，马马虎虎，慢慢腾腾，粗枝大叶，得过且过，应付了事。有的事不关己，高高挂起，凡事能推则推，能躲则躲，能将就则将就，缺乏应有的事业心和工作责任感。

三是执行方式和方法简单陈旧。不少干部自觉不自觉地把开会、发文件当成推动工作的"万能钥匙"，以会议贯彻会议，以文件贯彻文件，把简单重复上级文件和讲话精神看作贯彻执行；一些同志往往习惯于用简单、粗暴的办法处理当前复杂的人民内部矛盾，特别是群体性事件，似乎一切问题的解决，都可以"快刀斩乱麻"，只要上级领导出面干预就能解决，而不重视增强自己处理复杂问题和依法执政的能力。

四是心浮气躁，作风不实。在一些机关干部身上，特别在某些领导干部身上存在"浮""懒""散""粗""虚"等问题，工作疲沓，作风飘浮，搞短期行为，实施变相的"政绩工程"，全局观念、大局意识差，推诿扯皮，服务质量低，精神状态不佳，矛盾面前束手无策，重点工作打不开局面，决策执行不到位、效果不理想，等等。

造成上述情况的原因是多方面的：有的人光说不练，议而不决，满足于"口号管理"；有的人高谈论阔，左右逢源，不擅长做踏踏实实的工作，最擅长在领导和他人面前搬弄是非；有的人拘泥于程序，缺乏效率，半天拿不出主意，或者拿出主意不付诸行动；有的人三心二意，一事无成，这山望着那山高。除此以外，还有某些领导己身不正,虽令不行;管理虎头蛇尾,不能一以贯之;管理制度朝令夕改,员工无所适从;制度缺乏针对性和可行性,不利于执行;等等。根本的解决之道,关键要在机关建立一种执行文化,真正使全体机关干部牢固树立起"等不起"的危机感、"慢不得"的紧迫感和"坐不住"的责任感,把"执行"打造成为机关干部行为的至高和致远目标。只有靠执行力,成功的组织才能更加欣欣向荣,失败的组织才能重现光明。真正优秀的机关,一定是奉行"执行文化"的机关,这样的团队才能目标明确、简洁高效,才能无往而不胜。

## 三、行政绩效取决于执行力

执行是为了复命,复命是为了提高行政绩效,而高质量的行政绩效是保证高质量公共服务的核心要素。作为掌握一定公共权力、为老百姓提供公共服务的广大机关干部,在日常工作中,必须以提高行政绩效为目标,下更大的气力提高执行力。

第一,要在明确工作目标上下功夫。作为机关干部首先要明确岗位的任务是什么。事实上有些人往往忽视对岗位的研究,往往在任务不清、职责不明的情况下就投入工作,这样做不仅事倍功半,而且会出现执行不力或工作不到位的情况。其次要吃透上情、摸清下情,根据岗位特点和上级要求,制订岗位目标和工作计划,保证计划的针对性和可操作性。对已经十分熟悉的岗位,也要看到随着时间的推移、形势的变化,那些曾经执行过的任务,可能已不适应变化了的环境，因而在计划实行过程中要进行跟踪研究，及时调整，以便按时完成任务。概而言之，不打无准备之仗是提高执行力的重要前提。

第二，要在找准薄弱点上下功夫。在认真界定岗位职责的同时，要找好自我定位。岗位需要什么样的人，自己优势在哪里，弱项是什么，要把自我剖析作为提高执行力的"必修课"，在全面分析的基础上，有的放矢地充电和学习。要注意不仅要向书本学习，而且要抓住一切机会向同事学习；不仅要学习文化知识，也要学习别人好的思维方式、工作思路、行为举止和内在气质，同时要注重在沟通中学，在失败中学，凡是有用的，从动态到静态，从个别到一般，通过全方位的学习、持续不断的扬弃、艰苦细致的转化，才能真正提高执行力。

第三，要在树立严谨的态度上下功夫。积极性有余而科学态度或科学精神不足，工作中就容易出现"跑偏"，这不仅影响执行力的发挥，甚至成为阻碍工作完成和事业发展的"潜在威胁"，因此，没有科学态度的积极性要不得。坚持科学的态度，实事求是地对待工作，工作前做到未雨绸缪，定好措施、想好预案；工作中深入调查研究、及时纠偏，使工作可控在控；工作后及时总结成绩、寻找差距，在一次次把握实情、了解规律的基础上，优化工作思路与管理流程，在点滴的积累中实现管理创新，这才是提高执行力的重要保证。

第四，要在狠抓主要矛盾上下功夫。在机关工作，做任何事情都要学会从全局考虑，多想几个方案，多作几个比较，想一想自己所做的工作是否符合领导的要求，是否有利于事业的发展。如果只从自己的角度考虑问题，只从本岗位出发，由于偏离了全局目标，可能会出现南辕北辙的现象。所以，在纷繁复杂的工作中，要注意抓住主要矛盾，找准工作的切入点与落脚点，想方设法集中力量攻关，解决主要矛盾，破解主要问题，这是提高执行力的关键所在。

第五，要在维护制度的严肃性上下功夫。纪律是胜利的保证，只有做到令行禁止，团队才能无往不胜。严明的制度和严肃的纪律不仅是维护团队整体利益的需要，也是保护团队成员利益的根本方法。提高行政执行力，既要有自律，也要有他律；既要靠人格的力量，也要靠制度的保证。只有以制度作为保障，建章立制，真抓实干，倡导执行新风，才能把事情办好、办到位。否则，表率作用差、作风不深入，夸夸其谈多、做事不踏实，安排部署多、身体力行少，最终必然导致事业的失败。所以，要打造高质量的行政绩效考评指标体系，更新考核方式，改进考核方法，注重考核实绩，创造良好的条件，这样才能为提高执行力服务。

## 平凡中见卓越

古希腊哲学家苏格拉底说，每个人身上都有太阳，只是要让它发出光来。平凡是生命的常态，是工作的常态，也是人生的常态。

从本质上讲，国家机关工作是理性人从事的理性事业，不可能总是感性的轰轰烈烈，大部分日子都是平静而平淡的。所以，机关干部对待工作，不仅要重视平凡，不满足于尚可的工作表现，关键要在平凡的日子中创造条件不断超越平凡。因为一切平凡的业绩都出于不平凡，把每件平凡的事情都做好，就是不平凡，就是卓越。

## 一、善于管理平凡

管理平凡是为了超越平庸，追求卓越。在国家机关工作，一个能自我管理的人就是一个不平凡的人。而自我管理包括自我约束和自我激励等方面，如工作中表现出的主动性和计划性，对所承担的工作和达到组织所设定目标的自信心，克服困难和战胜挫折的勇气，良好的自律和自警，等等。作为机关干部，管理好平凡，重点要管理好自己的政治素质、人格修养、行为品德和能力培养。

### （一）要具有较高的政治素质

《中华人民共和国公务员法》关于公务员的政治素质要求，讲了四句话，那就是政治坚定、忠于国家、保守秘密、勤政为民。一个机关干部如果没有正确的思想观点，没有马克思主义的世界观和方法论，没有坚定的政治立场和全心全意为人民服务的宗旨，很难设想他会有正确的世界观、人生观、价值观以及权力观、利益观和地位观，当然也就很难有正确的幸福观、荣辱观、美丑观和善恶观。作为一名国家公职人员，必须高举"国家利益至上"的旗帜，自觉地维护国家的统一、尊严和民族的团结，反对任何分裂国家的企图和损害国家利益的图谋。必须有坚强的党性，在政治上与党中央保持高度一致，坚持正确的政治方向，在生产、工作、学习和生活中起先锋模范作用。必须牢固树立服务领导、服务群众、服务基层的观念，有高度的政治责任感，有较高的政治素养，经得起政治风浪，经得起批评和表扬，顺境中因势利导，逆境下坚韧不拔。必须坚决贯彻执行党的路线、方针、政策，严格保守党和国家的秘密，奉公守法，自觉抵制各种思想和行为的侵蚀，提高警惕，未雨绸缪，遵守保密纪律，严格按保密制度办事。

（二）要培养良好的行为品德

公务员法提出，国家公务员应当品行端正、道德高尚、清正廉洁、公道正派。品德，是一定社会的道德原则和行为规范在个人思想和行动中的体现，是社会个体在一系列道德行为中所表现出来的比较稳定的特征和倾向。一个合格而优秀的机关干部，应当是德才兼备的优秀人才，具体来说：一是忠诚老实。有坚强的政治信念，有恰当的为人处世方式，对工作和事业恪尽职守。二是公道正派。清正廉明，不以权谋私，不搞歪门邪道；为人堂堂正正，不搞阴谋诡计，绝不利用职权挟嫌报复、排斥打击异己。三是勤勉努力。有强烈的事业心和高度的责任感，克己奉公，恪尽职守，勤勤恳恳、任劳任怨地做好本职工作。四是平易近人。有自知之明，不妄自尊大，不刚愎自用，能摆正自己的位置。

（三）要注重自身的人格修养

机关干部的人格修养，体现在良好的心理素质和行为作风上。良好的心理素质就是，在机关工作中，要有良好的适应力、承受力、应变力、意志力、排解力、自信力、爆发力和愉悦感受力，积极向上，健康阳光，能有效杜绝和防止紧张心理、挫折心理、嫉妒心理、傲慢心理以及浮躁心理、虚荣心理和享乐心理。良好的行为作风就是要有服务大局的工作作风，凡是有利于大局的事，都尽力去办；凡是有损于大局利益的事，决不去做。刻苦耐劳的工作作风，热爱本职工作，不为名利所屈，不为名利所累，任劳任怨，全心全意提供满意的服务。雷厉风行的工作作风，强调工作的准确性和时效性，讲效率，讲质量，讲绩效。严谨细致的工作作风，有精益求精的工作态度，有按照程序办事的工作习惯，有统一规范的工作标准。务实创新的工作作风，老老实实做人，实实在在做事。摒弃暮气和腐气，保证工作常做常新，常为常新。

## 二、勇于超越平庸

平凡不是平庸，我们可以不功成名就，可以无过人之才，也可以无惊世之举，但绝不可以不知为什么而活，绝不可以没有目标、没有责任感，绝不可以浑浑噩噩、无所事事、无所用心。我们没有理由让自己的一生在不断的挥霍中和无边的埋怨中流失，而应最大限度地寻求人生的价值。因为我们有理想有追求，所以我们虽然平凡但不能平庸，我们是通往伟大道路上平凡的奋斗者，我们在努力创造平凡生命中的不平凡。①

在现实生活中，平凡是常态，而平庸是非常态，是对卓越的反叛。一个以消极心态面对平凡的人，是一个真正的平庸者，他永远只能是这个世界的过客，而自己最终将一无所有。一个平庸的机关干部，是失败的机关干部，是机关工作的累赘，也是广大纳税人所不能容忍的。一般来说，平庸的机关干部骄傲自满、固执愤世、虚伪懒惰、优柔寡断、羸弱庸俗、自私贪婪、办事拖沓、急躁易怒、妒贤嫉能。在具体行为上有以下几种表现：

（一）不作为

对职责范围内的事情拒绝、放弃、推诿、拖延，对其他单位提请支持、配合、协助的事情不支持、不配合、不协助，或者互相推诿、扯皮。外在表现经常是：上班迟到、早退；中午出去喝酒；上班时间打牌、玩游戏、聊天、睡觉、泡澡堂、炒股票、玩微博；工作时间到处串岗、脱岗、离岗，与别人闲聊；长时间占用电话、听声讯台、搞网恋、办私活；门难进、脸难看、话难听、事难办；爱

---

① 刘兴旺：《可以平凡不能平庸》，新华出版社2006年版，第27页。

做表面文章,浮在上面多,深入实际少,面上工作做得好,但没有实际效果;以文件贯彻文件,以会议贯彻会议,对领导批办的事项和基层请示报告的问题,不抓紧时间研究处理,推诿扯皮;等等。

(二)乱作为

利用职务和工作便利,"吃、拿、卡、要、报";违反规定向服务对象摊派钱物、索要赞助,违规要求接受有偿服务、购买指定商品,违法实施处罚、检查、行政许可、采取强制措施,对当事人态度蛮横、作风粗暴、故意刁难、人为设置障碍,执法不公、徇私舞弊以及其他不正确履行职责的行为。外在表现有:对法律法规执行不力、消极对待,损害当事人合法权益;滥发制度办法或者使用已经废止的法律法规、政府规章等,损害公民的合法权益;违反政务公开规定,不公开办事依据、条件、承办人员姓名等;在公务活动中接受当事人宴请、礼品、礼金;对管理和服务对象态度冷漠生硬,言行举止不文明;办事拖拉、效率低下,在规定时间内完不成工作任务;对应该办理的事项乱办理或者变相办理;等等。

(三)慢作为

慢作为主要包括:适应形势慢,转换思维慢,应对反应慢,工作节奏慢,解决问题慢,等等。具体表现在:对党委、政府会议决定事项、文件明确事项、领导批示交办事项久拖不办,没有回音,或"上有政策,下有对策",搞变相执行、选择性执行;对已经协调明确的事宜,借口要请示、研究,在限定时间内不提出具体办理意见;对属于本部门职责范围的审批、服务事项推诿扯皮、敷衍塞责、故意刁难或拖延办理时间;部门之间职责不明晰,相关单位又不及时报请上级机关研究明确;部门内部缺乏协调,衔接失当,环节多、程序杂,窗口授权不到位,办理时限"就高不就低",导致工作流程重复、失序,办事效率低下;群众虽然多次投诉,但不积极受理,或受理后不及时处理;对应当和能够明确答复的问题故意含糊不清,应当和能够立即办理的事项拖延怠慢,应当和能够解决的问题推诿不办;对服务对象态度冷漠,在受理经办事项中,谋取私利,以各种形式暗示服务对象,有意拖延办事时间,导致不能顺利办理申请事项;等等。

### 三、永远追求卓越

平庸的危害虽然不像贪污受贿、违法乱纪那样具有直接的社会危害性,但从根本上来看,普遍的平庸就是变相的贪腐,如果一个组织、部门"平庸病"流行,必然管理不善,人心涣散,轻则导致执政能力下降,重则误国误民。所以,作为机关干部,必须拒绝平庸,跨越平凡,走向卓越,唯有如此,才能把自己打造成为优秀的机关干部。

(一)卓越源于热情

热情是工作的最大原动力。如果一个机关干部连基本的工作态度——热爱本职工作、积极主动、有责任心、干事不拖拉都没有的话，是不可能对本职工作尽心尽责的；而如果一个人不能使自己的全部身心投入到工作中去，那么无论做什么工作，都可能沦为平庸。法国寓言家拉·封丹说："无论做任何事情，都应当遵守的原则是：追求高层次。你是第一流的，你应该有第一流的选择，在工作中加入'热情'。"在机关工作，同样一项任务，同样由你来干，有热情和没热情结果是不同的。前者使你变得有活力，干起工作来有声有色，最后能创造出辉煌的成果，领导也会对你刮目相看。而后者，使你变得懒散堕落，对工作漠然处之，当然就不会有什么新发现和新创造，潜在的能力也就无从发挥。爱默生说过，有史以来，没有任何一件伟大的事业不是因为热情而成功的。所以，在国家机关当机关干部，你不关心工作，领导就不可能关心你；你自己成天垂头丧气，怨天尤人，领导自然对你就丧失信心。因此，从根本上讲，工作不是一个关于干什么事情和得到什么报酬的问题，而是一个关于生命意义追求的大问题。工作就是充满热情，工作就是付出努力。正是为了成就什么或者获得什么，我们才专注于什么，并在那方面付出我们毕生的精力。[①]从这个意义上说，当机关干部，在国家机关工作，并不是我们为了谋生才去做的事情，而是我们用生命去做的事情，只有充满热情，我们才能跨越平凡，走向卓越。

---

① 刘兴旺：《可以平凡不能平庸》，新华出版社2006年版，第54页。

## （二）卓越需要坚守

毛泽东同志说，一个人做好事并不难，难的是一辈子做好事。在国家机关工作，要成就卓越，首先要态度端正，关键要待人热情，核心在自律坚守。人们常说，做事细心、严谨、有责任心，是卓越；做人坚持原则，不随波逐流，不为蝇头小利所惑，"言必信，行必果"，是卓越。其实，真正的卓越是从来不放松对自己的要求，在别人苟且随便时自己仍然一如既往地坚持，就是高度的责任感和事业心，就是一丝不苟的坚守和坚持。

### 重要的是坚守

阿吉伯特是美国标准石油公司的一名小职员，他在出差之中每一次住旅馆都会在自己签名的下方写上"每桶标准石油4美元"的字样，甚至平时的书信和收据也不例外，签了名就一定要写上那几个字。因此，他被同事起了一个"每桶4美元"的外号。渐渐地，他的真实名字却没有几个人能叫起。

公司董事长洛克菲勒先生听到这件事情后十分惊奇，心里想："居然有如此努力宣传自己公司声誉的职员，我一定要见见他。"于是，他邀请阿吉伯特共进晚餐。后来，洛克菲勒先生卸任后，阿吉伯特成了第二任董事长。

## （三）卓越必须全力以赴

只有懂得工作质量决定生活质量的人，才懂得珍惜目前的工作。从一定意义上说，世界上没有做不成的事，只有做不成事的人。在国家机关工作，能达到领导的要求，只能算是一个称职的机关干部；能比领导要求多做一点，就是一个有发展潜质的机关干部；如果所做的贡献大大超出领导的期望，就是一个卓越而优秀的机关干部。所以，作为一个卓越而优秀的机关干部，凡是别人已经做到的事，即使面临再大的困难，也一定要做好；凡是别人认为做不到的事，即使遇到再大的挫折，也要继续拼搏直至取得成功；凡是别人还没有想到的事，不仅应该想到，而且一定要敢为人先，行动在前。所以，成就卓越，不仅要求我们牢固树立危机意识、主动意识和超前意识，而且要求我们敢于创新，转变方式，重在落实。只有全身心地投入工作中，全力以赴地做好每一件事情，才能从根本上成就我们的事业。

### 体制内干部的20个坏毛病

当下，一些领导干部"老办法不管用、新办法不会用、硬办法不敢用、软办法不顶用"，说到底还是没有掌握正确的领导方法。如果从负面清单去了解问题所在，就可以少走弯路、减少失误，正确的方法自然会应运而生。结合多年实践和思考，就领导方法容易出现的偏向和误区列出20项负面清单,我们要有则改之,无则加勉。

一、只想当官不想干事,只想揽权不想担责,只想出彩不想出力。为官就得正"官念"、有担当、有作为。有的领导干部只想吃香喝辣而不想吃苦受累。殊不知,天下没有坐享其成的事。要想收获、出彩,就必须付出耕耘的汗水,自觉走在前、做表率,苦干实干、主动作为。

二、我的地盘我做主。这是一种封建官僚思想,践踏民主集中制,大搞家长制。这是不讲政治、不守规矩的表现。必须清醒地认识到,权为民所赋,权为民所用,权力姓公不姓私。坚决反对分散主义、本位主义、山头主义、地方保护主义。

三、只要结果,不要过程。一些领导干部急于求成,工作不深不细,是典型的官僚主义作风和"甩手掌柜"的做法。过程和结果一样重要,要合理安排,把握节奏,严格标准,及时纠偏,总结反思,不断进步。

四、只许州官放火,不许百姓点灯。一些领导干部自己无法无天、肆意妄为,对待下属和群众却求全责备、锱铢必较,从深层次折射出自身的"官本位"思想、特权思想。要坚持以人民为中心的发展思想,在全心全意为人民服务中提高政治站位、提高工作能力,在服务人民中不断完善自己,做到严以用权、为民用权。

五、多栽花,少栽刺,搞无原则的一团和气,就变成了典型的明哲保身和精致的利己主义者。要讲真话,不当"老好人",坚持原则,讲党性不讲私情、讲真理不讲面子、敢于亮剑不怕得罪人,毫不犹豫地站稳党性立场，坚定不移维护人民利益。

六、见人说人话，见鬼说鬼话。党章明确规定："反对阳奉阴违的两面派行为和一切阴谋诡计。"领导干部一定要对党忠诚老实，说老实话、办老实事、做老实人。要光明磊落，坦坦荡荡，表里如一，言行一致。无论对上级、对下属、对群众都要推心置腹，以诚待人、以情动人、以心交人，不分高低贵贱，不分亲疏远近。

七、通不通三分钟，再不通龙卷风。有的干部工作方式简单、态度粗暴，用压服代替说服。这是作风不正、党性修养不够的反映。求同存异，允许有不同意见，对于工作中不妨碍大同的个性，不能采取限制或者打压的办法。面对认识模糊、矛盾分歧较大的问题，要引导大家明是非、辨真伪，学会换位思考，解开思想疙瘩，做到心平气和、心齐气顺。

八、坐着小车转一转，隔着玻璃看一看，看完以后吃顿饭。这些典型的形式主义做法，既体察不到基层真实情况，更不可能为群众解决实际困难，伤害群众感情，损害自身形象。密切联系群众是党的优良传统，也是对领导干部的基本要求。

九、新官上任三把火。一些干部上任伊始情况不明胆子大，总想着烧"三把火"来立威、来体现自己的本事。有的便是几番猛火之后就失去了耐力和定力，搞得虎头蛇尾、半途而废。要少烧"三把火"，多浇"三盆水"：一盆洗头，头脑清醒有定力；一盆洗手，手不乱拿清正廉洁；一盆洗脚，迈开脚步深入基层。

十、"说了"就是"做了"，"动了"就是"成了"。领导干部一定要走"实干兴邦"的大道,不走投机取巧的邪路,做到谋事实、创业实、做人实。凡是对组织和群众做出的承诺,必须无条件地、尽全力地去履行。要强化结果思维、效果导向,做事不只是满足于做了,而是要追求做成、做好。

十一、新官不理旧账。新上任的领导干部,不仅要接过权力,也要接下问题,以不怕难、不怕乱的态度去迎接任务、解决问题。要有"一张蓝图绘到底"的境界和担当,考虑经济发展和政策落实的连续性,继承过去的好思路、好经验、好做法,不能盲目"否定"、任意"洗牌"。

十二、种了别人的地,荒了自家的田。"在其位,谋其政",领导干部首先要明白自己的主要职责所在,按职能职责做事,做好分内之事。要把围绕中心、服务大局作为思考谋划一切工作的根本出发点和落脚点,在大局中找准定位,既按职履责,又按章履事;既种好自留地、管好责任田,又唱好"群英会"、打好"合力牌"。

十三、脚踩西瓜皮,滑到哪里算哪里。"凡事预则立,不预则废。"领导干部从事的是党和人民的事业,需要科学周密的谋划,制定长期、中期、短期目标,下好先手棋、打好主动仗,不让一日空过,不能没有目标、计划。

十四、头痛医头,脚痛医脚。做好领导工作,必须强化系统思维,对事情进行系统思考和整体谋划,注意各要素之间的关联性、耦合性,坚持系统思考、科学统筹,防止就事论事、单兵突进、零敲碎打。发现问题要"望闻问切"。

十五、东一榔头西一棒子。领导工作千头万绪,要分得清大小,有所侧重。既做好一般的工作,也做好个别研究、个别解决,增加工作的深度和针对性、差异性。当局部利益和整体利益相冲突时,要以整体利益为重;当紧急的事和一般的事冲突时,要先做紧急的事。从整体上把握事物的联系,统揽全局、统御各方,统筹衔接好各项任务,优化资源配置,确保各要素无缝对接,增强工作的系统性、整体性、协调性。

十六、捡到篮子里的都是菜。有目标,才会有方向。一个优秀的领导干部必然按章法做事,紧盯目标去行动,而不是无头苍蝇四处乱撞。有比较,才会有选择。优选更需要独到的眼光,要加强学习,培育世界眼光、发展眼光,才能在众多的选项中做出更好抉择。有标准,才会有质量。要以一流标准、赶超气魄,对标先进、争先进位,力求把工作做到精致、细致、极致,做成样板,就算"脱掉一层皮",也要坚持到底,不断提高推进工作的质量。

十七、眉毛胡子一把抓。领导工作如果平均用力、眉毛胡子一把抓,只见树木、不见森林,往往会抓不住重点、找不到关键。得其大者可以兼其小,时时处处"拎得清"最重要。

十八、照葫芦画瓢。这种做法是一种僵化、教条和落后的思维定式,是典型的经验主义、本本主义。只有坚持实事求是,不因袭、不照搬,结合实际,创造性地开展工作,才能既摹好"葫芦",又画好"瓢"。做到吃透上情,了解下情;不唯书、不唯上,只唯实;因地制宜,大胆创新。

十九、竭泽而渔，杀鸡取卵。这种做法是只注重眼前利益、不作长远打算的表现，损害了可持续发展的基础，与新发展理念相悖。领导干部必须牢固树立和自觉践行新发展理念，坚持走可持续发展之路，不断增强推动高质量跨越式发展和建设现代化经济体系的本领。

二十、靠山吃山，靠水吃水。这是农耕时代的发展模式，是缺乏战略眼光、内生动力不足、本领不强的表现。领导干部担负着推动高质量跨越式发展的重任，必须客观分析自身优势和不足，拓宽思路、提高站位、扬长避短，充分发挥比较优势、后发优势，找准符合自身实际的发展路子。①

---

① 云南省委常委、省委组织部部长李小三在全省组织部长座谈会上的讲话（节选），https://www.sohu.com/a/375173709_120151622。

# 第九讲：如何坚守初心，通达使命

> 机关干部在机关工作，面临林林总总的问题、挑战很多，不管我们面临的挑战有多少，还是要回到机关工作的原点问题上来，也就是如何坚守机关工作的初心，认真履职尽责，通达为人民服务的使命。

不忘初心，方得始终
初心不改，宗旨不变
通达使命，成就人生

机关干部在机关工作，面临的挑战很多，既有转换角色、合理定位问题，立足长远、把握大势问题，进入情况、谙熟规则问题，全面投入、用心工作问题，也有寻求蹊径、掌握方法问题，创造环境、协调关系问题，重视过程、把握细节问题，及时复命、提高绩效问题，林林总总的问题，不管我们面临的挑战有多少，还是要回到机关工作的原点问题上来，也就是如何坚守机关工作的初心，认真履职尽责，通达为人民服务的使命。

## 不忘初心，方得始终

习近平总书记在党的十九大报告中指出，不忘初心，方得始终。中国共产党人的初心和使命，就是为中国人民谋幸福、为中华民族谋复兴。这个初心和使命是激励中国共产党人不断前进的根本动力。党政机关是党和政府代表人民执掌政权的重要阵地。作为推动党中央治国理政、管党治党决策部署贯彻落实的领导和执行机构，各级党政机关承担着贯彻执行党的路线方针政策的重要职责，是党和政府联系人民群众的桥梁纽带，在国家治理体系中居于连接上下、贯通左右的位置，起着上情下达、下情上传、协调各方的枢纽作用。为党中央和国务院服务、为部门和地方服务、为人民服务是各级党政机关的目标和宗旨，各级机关干部只有始终坚守服务这个初心，才能确保机关高效有序运转，国家各项事业兴旺发达。

## 一、初心是指路明灯

从组织的角度看，初心是各级党政机关发挥作用、履职尽责的指路明灯。习近平总书记在"不忘初心、牢记使命"主题教育工作会议上的讲话指出：守初心，就是要牢记全心全意为人民服务的根本宗旨，以坚定的理想信念坚守初心，牢记人民对美好生活的向往就是我们的奋斗目标；以真挚的人民情怀滋养初心，时刻不忘我们党来自人民、根植人民，人民群众的支持和拥护是我们胜利前进的不竭力量源泉；以牢固的公仆意识践行初心，永远铭记人民是共产党人的衣食父母，共产党人是人民的勤务员，永远不能脱离群众、轻视群众、漠视群众疾苦。担使命，就是要牢记我们党肩负的实现中华民族伟大复兴的历史使命，勇于担当负责，积极主动作为，用科学的理念、长远的眼光、务实的作风谋划事业；保持斗争精神，敢于直面风险挑战，知重负重、攻坚克难，以坚忍不拔的意志和无私无畏的勇气战胜前进道路上的一切艰难险阻；在实践历练中增长经验智慧，在经风雨、见世面中壮筋骨、长才干。

各级党政机关是提供管理和服务、推动经济社会发展的实践载体。作为公共权力的行使者,各级党政机关担负着管理国家经济、政治、文化和社会事务的职能,直接参与党的方针政策、国家法律法规和经济社会发展规划的制定和实施,是管理公共事务、提供公共服务、推动经济社会发展的实践主体。各级党政机关及其工作人员,要按照习近平总书记的要求,守初心、担使命,以强烈的政治责任感和历史使命感,保持只争朝夕、奋发有为的奋斗姿态和越是艰险越向前的斗争精神,树立以人民为中心的发展理念,增进同人民群众的感情,自觉同人民想在一起、干在一起,以钉钉子精神抓工作落实,着力解决群众的操心事、烦心事,以为民谋利、为民尽责的实际成效取信于民,努力创造经得起实践、人民、历史检验的实绩。

## 二、初心是人生航向

从个体的角度看,初心是牵引和指导人生历程,实现人生价值和人生理想的根本航向。习近平总书记指出,我们党要求全党同志不忘初心、牢记使命,就是要提醒全党同志,党的初心和使命是党的性质宗旨、理想信念、奋斗目标的集中体现,越是长期执政,越不能丢掉马克思主义政党的本色,越不能忘记党的初心使命,越不能丧失自我革命精神。习近平总书记指出,不忘初心、牢记使命要靠全党共同努力来实现,每一个党员干部特别是领导干部都必须常怀忧党之心、为党尽责、强党之志。

目前，在各级党政机关中，党员比例超过80%，县处级以上领导干部中的党员比例超过95%。机关党员干部群体是我们党治国理政的骨干和中坚力量，也是贯彻执行党的路线方针政策、推动改革发展的生力军。各级机关干部坚持初心是人生航向，就是要对照新时代中国特色社会主义思想和党中央决策部署，对照党章党规，对照人民群众新期待，对照先进典型、身边榜样，坚持高标准、严要求，深入在增强"四个意识"、坚定"四个自信"、做到"两个维护"方面找差距，在知敬畏、存戒惧、守底线方面找差距，在群众观点、群众立场、群众感情、服务群众方面找差距，在思想觉悟、能力素质、道德修养、作风形象方面找差距，自觉在自我净化上下功夫、在自我完善上下功夫、在自我革新上求突破、在自我提高上下功夫；自觉向书本学习、向实践学习、向人民群众学习；学习党史、新中国史、改革开放史、社会主义发展史，自觉加强党性锻炼和政治历练，不断提升政治境界、思想境界、道德境界；坚持绝对忠诚的政治品格，坚持高度自觉的大局意识，坚持极端负责的工作作风，坚持无怨无悔的奉献精神，坚持廉洁自律的道德操守，从而在根本上做到理论学习有收获、思想政治受洗礼、干事创业有担当、为民服务解难题、清正廉洁做表率。

三、初心是校准轴线

从事业的角度看，初心是纠正事业发展方向、确保工作始终沿着正确路线前进的校准轴线。我们党是用马克思主义武装起来的政党，始终把为中国人民谋幸福、为中华民族谋复兴作为自己的初心和使命，并一以贯之地体现到党的全部奋斗之中。习近平总书记指出，忘记这个初心和使命，党就会改变性质、改变颜色，就会失去人民、失去未来。只要我们党牢牢坚持立党为公、执政为民，牢牢坚持为中国人民谋幸福、为中华民族谋复兴，不断检视自己，不掩饰缺点，不文过饰非，坚决同一切弱化党的先进性和纯洁性、危害党的肌体健康的现象作斗争，就一定能始终立于不败之地。

各级机关干部在践行初心使命、服务人民群众的过程中，在确保机关高效有序运转、推进国家事业兴旺发达的过程中，可能取得这样或者那样的成绩，可能遇到这样或者那样的困难，或者无论是悲是喜、是苦是乐，只要我们始终用为党中央和国务院服务、为部门和地方服务、为人民服务的初心使命校准我们的航向，自觉把新时代中国特色社会主义思想转化为推进改革发展稳定及党和国家建设各项工作的实际行动，把初心使命变成机关干部锐意进取、开拓创新的精气神和埋头苦干、真抓实干的自觉行动，力戒形式主义、官僚主义，推动党的路线方针政策落地生根，推动解决人民群众反映强烈的突出问题，不断增强人民群众获得感、幸福感、安全感，就一定能在承平日久时做到节俭内敛、敬始如终，重大变革关头做到顺乎民心、合乎潮流，功成名就时做到居安思危、保持创业初期那种励精图治的精神状态，确保党和国家事业兴旺发达、安顺久远。

# 初心不改，宗旨不变

机关干部坚守初心，通达使命，不但要明白"不忘初心，方得始终"的根本道理，还要在实际工作中，自觉做到初心不改，宗旨不变，始终围绕为党中央和国务院服务、为部门和地方服务、为人民服务，不断提高执政能力和行政效能，推进国家治理体系和治理能力建设，确保机关高效有序运转，推进国家各项事业兴旺发达。

## 一、国家机关首先是政治机关

机关干部无论在哪类性质的机关工作，迎接各种挑战，始终做到初心不改，宗旨不变，首先必须明确国家机关不是单纯的业务机关、首先是政治机关的道理，特别是在中央和国家机关工作的机关干部，更要明白这一道理。中共中央《关于加强和改进中央和国家机关党的建设的意见》指出，中央和国家机关在党和国家治理体系中处于特殊重要位置，是推动党中央治国理政、管党治党决策部署贯彻落实的领导机关。中央和国家机关党的建设关系党中央权威和集中统一领导，关系党中央决策部署的贯彻落实，关系最广大人民根本利益的实现。推进新时代党的建设新的伟大工程，中央和国家机关必须走在前、做表率。《意见》指出，中央和国家机关首先是政治机关,必须旗帜鲜明讲政治,坚定不移向党中央看齐,向党的理论和路线方针政策看齐,向党中央决策部署看齐,把准政治方向,认真对标对表,及时校正偏差,自觉在思想上、政治上、行动上同以习近平同志为核心的党中央保持高度一致。

习近平总书记指出,中央和国家机关必须牢固树立政治机关的意识。各部门各单位职责分工不同,但都不是单纯的业务机关。中央和国家机关是践行"两个维护"的第一方阵。如果党的理论和路线方针政策在这里失之毫厘,到了基层就可能谬以千里;如果贯彻落实的第一棒就掉了链子,"两个维护"在"最先一公里"就可能落空。中央和国家机关广大党员干部特别是党员领导干部、一把手做工作要首先同党的基本理论、基本路线、基本方略对标对表,同党中央决策部署对标对表,提高政治站位,把准政治方向,坚定政治立场,明确政治态度,严守政治纪律,经常矫正偏差,做到党中央提倡的坚决响应、党中央决定的坚决照办、党中央禁止的坚决杜绝,绝不能在政治方向上走偏了。广大机关干部要按照总书记的指示要求,善于从政治上认识和处理问题,自觉在党和国家工作大局下想问题、做工作,心怀"国之大者",辨别政治是非、保持政治定力、防范政治风险,切实提高政治判断力、政治领悟力、政治执行力。

## 二、旗帜鲜明讲政治

政治属性是我们党作为马克思主义政党的根本属性。如果说理想信念是共产党人精神上的"钙",那么讲政治就是我们党补钙壮骨、强身健体的根本保证,是我们党勇于自我革命、提高排毒杀菌政治免疫力的根本途径。

什么是讲政治?习近平总书记深刻指出:"讲政治最根本就是要讲党性,在思想政治上讲政治立场、政治方向、政治原则、政治道路,在行动实践上讲维护党中央权威、执行党的政治路线、严格遵守党的政治纪律和政治规矩。"

习近平总书记指出,"讲政治是具体的,两个维护要体现在坚决贯彻党中央决策部署的行动上,体现在入职尽责、做好本职工作的实效上,体现在党员、干部的日常言行上"。习近平总书记反复强调,"各级干部特别是领导干部要善于从政治上看问题,站稳立场、把准方向","善于从政治上谋划、部署、推动工作"。他强调,在领导干部的所有能力中,政治能力是第一位的。什么是政治能力?政治能力就是把握方向、把握大势、把握全局的能力,就是辨别政治是非、保持政治定力、驾驭政治局面、防范政治风险的能力。对于领导干部而言,如果不善于从政治上看问题、想问题、办事情,把握不好方向,驾驭不了大局,就是政治能力不过关。各级机关干部要像习近平总书记反复要求的那样,自觉尊崇党章、模范践行党章、忠诚捍卫党章,严格执行新形势下党内政治生活若干准则,坚决杜绝"七个有之",做到"五个必须""三个表率",建设模范机关;严格执行民主集中制,在守纪律、讲规矩上做表率,自觉做政治上的明白人、老实人,绝不做两面派、两面人。这是机关干部也是全体党员必须恪守的大原则、大立场，必须谨记在心、践行于身。

## 三、破解政治和业务工作两张皮

机关干部做到初心不改，宗旨不变，除了在思想认识上做到旗帜鲜明讲政治之外，在实际工作中，就是要做到党建与业务一起抓，破解政治与业务两张皮现象，特别是破解党建与业务两张皮的通病。习近平总书记强调，解决"两张皮"问题，关键是找准结合点，推动机关党建和业务工作相互促进，"要围绕中心抓党建、抓好党建促业务，坚持党建工作和业务工作一起谋划、一起部署、一起落实、一起检查，使各项举措在部署上相互配合，在实施中相互促进"。机关干部在实际工作中，要以系统思维推动党建工作和业务工作深度融合，坚持围绕中心抓党建、抓好党建促业务，坚持党建工作和业务工作目标同向、部署同步、工作同力，以高质量党建引领高质量发展，使二者在融合发展中相互促进。

2020年10月，中央和国家机关工委印发了《关于破解"两张皮"问题推动中央和国家机关党建和业务工作深度融合的意见》（以下简称《意见》）。《意见》从七个方面提出了党建和业务工作深度融合的方法手段和工作要求，即牢固树立机关党建和业务工作融合发展的理念，把讲政治的要求落实到业务工作中，推动学用结合、学以致用，充分发挥党支部在推动业务工作中的战斗堡垒作用,把思想政治工作贯穿业务工作全过程,完善机关党建和业务工作融合发展机制,建设精通党务、熟悉业务的党务干部队伍。在完善机关党建和业务工作融合发展机制上,《意见》特别提出,要建立健全机关党建和业务工作一起谋划、一起部署、一起落实、一起检查的运行机制,形成党建、业务"一盘棋"。部门党组(党委)谋划重点任务注重突出党建引领作用,部署党建工作注重强化服务保障中心工作的导向。领导班子成员认真履行"一岗双责",既抓业务工作也抓分管范围内的党建工作,做到两手抓、两手硬、两促进。坚持机关党建和业务工作联动式评价,年度考核、任期考核和相关考核中,对机关党建和业务工作同总结、同述职、同考核、同评价,特别是要把机关党建推动本部门中心工作、促进各项任务完成情况作为重要内容。党员干部选拔任用、评优评先应当听取所在党支部、党小组意见。评选表彰先进基层党组织、优秀党务工作者,既要看党建工作实际成效,又要看业务工作完成情况。

各级机关干部要按照习近平总书记指示以及中央和国家机关工委的要求,结合本地党委和工委的工作部署,进一步强化政治机关意识,在落实重大任务和推动业务工作中坚持正确政治方向,把创建模范机关、走好第一方阵的要求融入业务工作,以实际行动做践行"两个维护"的表率。健全推动党中央决策部署和习近平总书记重要指示批示精神贯彻落实的工作机制,形成研究部署、狠抓落实、督促检查、及时报告、跟踪问效的工作闭环,确保不折不扣贯彻落实。坚持把机关党建放到党和国家工作大局中谋划和推进,找准服务大局的结合点。定政策、抓工作、促落实要对标对表党中央决策部署和习近平总书记重要指示批示精神，经常校正偏差。既要防止重业务轻政治现象，又要防止游离于业务工作之外搞空头政治等问题。

## 通达使命，成就人生

机关干部在不同层级的机关工作，无论是中央和国家机关、省市县级机关，还是街道、乡镇一级机关，只有不忘初心，宗旨不变，方得始终，通达使命，最后成就自己辉煌的人生。

### 一、以初心担使命

初心是使命的价值本源，使命是初心的实践归宿。不忘初心、牢记使命体现了马克思主义世界观和价值观的辩证统一、历史观和实践观的辩证统一。①

一方面，初心是使命的价值本源。初心的核心是什么，是一种内在的精神性、本质上的规定性和最高的价值追求。对于机关干部

---

① 蒋阳飞:《准确把握初心和使命的辩证关系》，载《湖南日报》2019年10月21日。

而言，初心是机关干部或者说作为一个自然人的根和魂，体现机关干部的世界观、人生观、价值观。对于我们党而言，从1921年成立以来，中国共产党由小到大、由弱到强，但初心始终如一，对共产主义的信念坚如磐石。为了实现这一目标，首先要为人民谋幸福、为民族谋复兴。为人民谋幸福是马克思主义最高价值追求的中国式表达，是我们共产党人"初心"的时代表达，也深刻说明了共产党最根本的"初心"就是人民立场。

另一方面，使命是初心的实践归宿。使命的核心是做什么，是必须完成的历史任务，体现于外在的重大责任，是初心的实践体现，根植于人类改造世界及其自身的伟大追求。使命要回答"为了谁、往哪里走、为什么奋斗"的问题。对机关干部而言，使命就是要回答在机关工作"为了谁、服务谁，什么任务、什么目标"的问题。对我们党而言，使命彰显出中国共产党人的历史自觉和政治担当。初心凝成使命，使命承载初心，有各自质的规定性。中国共产党因初心而生、为使命而行。作为实践性的历史任务，中国共产党人的使命既有一以贯之的最高目标，又在不同时代有着不同的具体体现和实践要求。准确理解历史使命，既要看到其现实性，又要看到其必然性。就其历史必然性而言，中国共产党作为马克思主义政党，是以实现共产主义作为最高理想的。中华民族的伟大复兴的历史使命不是狭隘的民族主义，而是走向共产主义人类大同的阶段性使命。从这一意义上看，中华民族的伟大复兴不仅要提升人民的幸福层次，而且要促进世界和平与发展，是爱国主义和国际主义的辩证统一。

在历史长河中,初心和使命密切联系、相互作用、相依相随、形影不离,有机统一于具体生活和工作实践中。初心侧重精神认识,使命侧重现实实践。初心为使命提供价值指引和精神动力,必须始终如一;使命为初心提供实践支撑和实现形态,必须奉初心为圭臬并随时代的发展而发展。一个自然人特别是机关干部如果丢掉初心,就会丢失本心、迷失方向,其使命也就会丧失必要性和合理性。而丢掉使命,也必然会使初心无依,使理想成为镜花水月、幻想泡影。所以,无论一个人走得多远,无论未来形势如何变化,机关干部都要不忘初心、牢记使命,始终铭记"我是谁、为了谁""从哪里来、往哪里走""为什么出发、为什么奋斗"这些基本命题。

在工作实践中,广大机关干部特别是年轻干部,要按照习近平总书记的要求,在常学常新中加强理论修养,在真学真信中坚定理想信念,在学思践悟中牢记初心使命,在细照笃行中不断修炼自我,在知行合一中主动担当作为,保持对党的忠诚心、对人民的感恩心、对事业的进取心、对法纪的敬畏心,做到信念坚、政治强、本领高、作风硬。具体来讲:

一是要强化理论学习。学习新时代中国特色社会主义思想,要舍得花精力,全面系统学,及时跟进学,深入思考学,联系实际学。学习理论最有效的办法是读原著、学原文、悟原理,强读强记,常学常新,往深里走、往实里走、往心里走,把自己摆进去、把职责摆进去、把工作摆进去,做到学、思、用贯通,知、信、行统一。

二是要坚定理想信念。机关干部有了坚定的理想信念，站位就高了，心胸就开阔了，就能坚持正确政治方向，做到"风雨不动安如山"。信仰认定了就要信上一辈子，否则就会出大问题。

三是要做到对党忠诚。忠诚干净担当，忠诚始终是第一位的。对党忠诚，就要增强"四个意识"、坚定"四个自信"、做到"两个维护"，严守党的政治纪律和政治规矩，始终在政治立场、政治方向、政治原则、政治道路上同党中央保持高度一致。这种一致必须是发自内心、坚定不移的，任何时候任何情况下都要站得稳、靠得住。要经常对照党章党规党纪，检视自己的理想信念和思想言行，不断掸去思想上的灰尘，永葆政治本色。

四是要树立为民情怀。虚心向群众学习，真心对群众负责，热心为群众服务，诚心接受群众监督。要拜人民为师、向人民学习，放下架子、扑下身子，接地气、通下情，深入开展调查研究，解剖麻雀，发现典型，真正把群众面临的问题发掘出来，把群众的意见反映上来，把群众创造的经验总结出来。要始终怀着强烈的爱民、忧民、为民、惠民之心，心里始终装着父老乡亲，想问题、作决策、办事情都要想一想是不是站在人民的立场上，是不是有助于解决群众的难题，是不是有利于增进人民福祉，不断增强人民群众获得感、幸福感、安全感。

五是要加强自身修养。习近平总书记指出，为政之道，修身为本。干部的党性修养、道德水平，不会随着党龄、工龄的增长而自然提高，也不会随着职务的升迁而自然提高，必须强化自我修炼、自我约束、自我改造。要坚守精神追求，见贤思齐，见不贤而内自省，处理好公和私、义和利、是和非、正和邪、苦和乐的关系。要涵养道德操守，明礼诚信，怀德自重，保持严肃的生活作风、培养健康的生活情趣，牢记清廉是福、贪欲是祸的道理，特别是要增强自制力，做到慎独慎微，稳得住心神、管得住行为、守得住清白，做到内无妄思、外无妄动。

六是要注重实践磨砺。要牢记空谈误国、实干兴邦的道理，坚持知行合一、真抓实干，做实干家。树立斗争精神，面对大是大非敢于亮剑，面对矛盾敢于迎难而上，面对危机敢于挺身而出，面对失误敢于承担责任，面对歪风邪气敢于坚决斗争。要做起而行之的行动者、不做坐而论道的清谈客，当攻坚克难的奋斗者、不当怕见风雨的泥菩萨，在摸爬滚打中增长才干，在层层历练中积累经验。

## 二、明使命担责任

对机关干部而言，责任是出色完成自己的工作，是个人的坚守，是人生的升华。责任心是指一个人对自己、对家庭、对单位乃至对社会应尽的责任和义务的认知态度，是对事情敢于负责、主动负责的态度，对自己所肩负使命应该具备的忠诚和信念。责任是我们应该具备的最基本最重要的素质，更是做好一件事情所必需的条件。一个人具备了强烈的责任心，就会拥有强烈的自信心与使命感，会不断进取，对工作投入极大的热情，会自觉地按时、按质、按量完成工作任务，实现工作目标。不忘初心是机关干部必修的政治课程，对于一个机关干部而言，做到不忘初心是远远不够的，关键还要在初心的指导下，明确自己的历史使命，明确在机关工作的宗旨和目标，并且根据这一宗旨目标，去承担应该承担的责任，履行应该履行的义务。具体来讲：

第一，明使命，要将责任扛肩头，树立强烈的担当精神。敢于担当是中国共产党人的鲜明品格。我们党从诞生之日起，就以实现中华民族伟大复兴为己任，一代又一代共产党人前赴后继、英勇奋斗，书写了矢志不渝的历史担当。没有一代又一代人勇往直前、持之以恒的担当作为，就没有今日中国蓬勃发展的壮丽景象。当前，国内外形势正在发生深刻复杂变化，我国发展仍处于重要战略机遇期，机关干部要有责任重于泰山的意识，坚持党的原则第一、党的事业第一、人民利益第一，保持永不懈怠的精神状态和一往无前的奋斗姿态，勇于挑最重的担子、啃最硬的骨头，干在实处、走在前列，创造无愧于党和人民的新业绩。

第二，明使命，要将责任扛肩头，树立顽强的斗争精神。任何事业唯其艰难，方显勇毅；唯其磨砺，始得玉成。中华民族伟大复兴，绝不是轻轻松松、敲锣打鼓就能实现的，少不了风风雨雨、沟沟坎坎，必须准备付出更为艰巨、更为艰苦的努力。面对百年未有之大变局，机关干部要保持斗争精神，敢于直面风险挑战，知重负重、攻坚克难，以坚忍不拔的意志和无私无畏的勇气战胜前进道路上的一切艰难险阻。越是形势复杂、挑战严峻，越要以这样的意志和勇气，投入具有许多新的历史特点的伟大斗争中。

第三，明使命，要将责任扛肩头，铸就砥砺前行的品格风范。习近平总书记讲，一代人有一代人的长征路，一代人有一代人的使命担当。机关干部面临三期叠加的复杂环境，面对新冠肺炎疫情流行的复杂局面，面对中华民族伟大复兴的光明前景，要把使命放在心上，把责任扛在肩上，以"功成不必在我"的精神境界和"功成必定有我"的历史担当，以时不我待、只争朝夕的精神，为实现"两个一百年"奋斗目标、实现中华民族伟大复兴的中国梦而不懈奋斗。[1]

## 三、担责任铸人生

人生就是一个充满责任的旅程。人只有承担起自己的责任，实现自我在社会中的价值，才能展现其人生的意义。责任是一种承诺，承载着一种始终不渝的使命，只有忠实地履行这个使命，才意味着责任的实现。人生是责任链条的构成，意味着永远地承担责任。机关干部要肩负起自己的责任，因为责任意识会让我们表现得更卓越；机关干部只有承担有责任的生命，才是真正有意义的生命。

梁启超说："人生于天地间，各有责任。"机关干部的责任是什么？就是任其职、尽其责，在其位、谋其政；工作上不怕担风险、

---

[1] 董璐：《担使命　将责任扛肩头》，2019年6月22日，新华网。

不怕担责任、不怕得罪人、不怕遭非议，遇到问题不回避，遇到困难不躲避，遇到风险不逃避，勇敢地去面对，勇敢地去承担，把干好工作作为自己的事业，作为一种追求，作为一种生存方式和生活方式，时刻牢记于心、践行于身。机关干部无论身处什么岗位，都要牢记习近平总书记的那句话，"责任重于泰山，事业任重道远"。面对责任，无论是一般干部，还是领导干部，都要胸怀理想、肩负重任、脚踏实地，安下心来、专注起来，怀着对机关工作迷恋至深的感情，把担负的责任落实到我们所做的每项工作和自己所干的每件事情中。能够负重，方能担当。任务重、压力大、节奏快、要求高是机关工作的真实写照，机关干部不论身处哪个岗位，从事什么工作，担任何种职务，都必须有强烈的事业心和责任感，只有爱岗敬业，勤奋实干，才能胜任工作，干出成效，否则就愧对组织、愧对自己、愧对人生。

无论哪个层级的机关干部，也无论哪种级别的机关干部，要始终明白，虽然我们有领导权、职务权、职责权，但从根本上说也是百姓，也是普通的人，要常怀敬畏之心，敬畏可以使人保持普通的本色，让人有所不为；常怀无畏之心，无畏可以使人脱离平庸的人生，让人有所作为。

机关干部要常怀"君子检身、常若有过"的虔诚，把工作的过程看作践行宗旨的过程，把奋斗的过程看作实现价值的过程。始终明白尽多少责任就得多少能力、借口是责任的大敌、敬业精神是责任感的升华、忠诚也是一种责任、责任的落实需要行动、热情来自责任感、责任成就事业、事业成就幸福人生等道理，在平凡的工作中，自觉做到平凡而不平庸，摒弃做愤世嫉俗的人、当众释放惰性的人、凡事只会请示的人、缺乏奉献精神的人、推脱责任的人、优柔寡断的人、凡事总找借口的人、做事拖延的人、满足现状的人、脚踩两只船的人、滔滔不绝的人、不愿行动的人，始终做到有理想、有追求、有拼搏、有奋斗、有格局，始终把让党放心、让机关信任、让人民满意作为自己的追求和人生目标，在机关这个大舞台，展现自己的才干，做出骄人的业绩，谱写绚丽的人生，成就人生的辉煌。